このように本書では、
「動画で、世界中の人との英会話にチャレンジする」という実践的なやり方で、
シチュエーション別の会話表現を学ぶことができます。

海外の「空港」「病院」「レストラン」などを舞台に、世界各国の個性豊かな人たちと、リアルな英会話を楽しみましょう。

「学校で習った英語だけでなく、もっと実践的な英語を身につけたい」
「今後、海外旅行に行く予定があり、必要最低限の英会話を学びたい」
「なかなか外国に行けないけれど、海外の雰囲気を感じたい」

など、もともと英会話に興味がある人はもちろん、
「英会話ができるようになりたいけれど、いきなり外国人と話すのはちょっと…」と、英会話や海外に対してなかなか一歩を踏み出せない人も、入門として、ぜひ取り組んでみてください。

この本をきっかけに、英会話に対する苦手意識が少しでも薄れ、
英語でコミュニケーションをとる楽しさや、海外を旅するワクワク感を、
一人でも多くの人に感じてもらえたらうれしいです。

協力：TOKYO GLOBAL GATEWAY
東京都教育委員会と株式会社 TOKYO GLOBAL GATEWAY が提供する、まったく新しい体験型英語学習施設。海外をイメージして作られた街並みでいつもと違う環境のなか、グローバルな世界を存分に体験することができる。

How to Use

本書の使い方

本書では主に次の３ステップで学んでいきます。
まずは、動画を見ながら英会話を実践し、その後、会話内容をおさらいします。
最後に、同じようなシチュエーション（場面）で使える、他の表現を学びましょう。

STEP 1：TRY >> 動画でチャレンジ

① ミッション
あなたが、どのようなシチュエーション（場面）で、どのような会話をするのか、という「ミッション」が与えられます。

② 動画でチャレンジ
スマートフォンなどで二次元コードを読み取ると、動画が見られます。動画では外国人がこちらに話しかけてきます。
「Your Turn」の表示が出たら、あなたが話す番です。

STEP 2:REVIEW >> 会話の確認

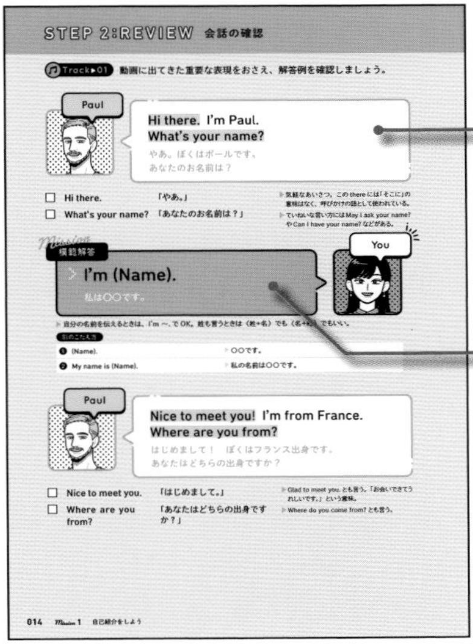
STEP 2:REVIEW　会話の確認

Track▶01　動画に出てきた重要な表現をおさえ、解答例を確認しましょう。

Paul

Hi there. I'm Paul.
What's your name?
やあ。ぼくはポールです。
あなたのお名前は？

□ Hi there.	「やあ。」	▷気軽なあいさつ。この there には「そこに」の意味はなく、呼びかけの語として使われている。
□ What's your name?	「あなたのお名前は？」	▷ていねいな言い方には May I ask your name? や Can I have your name? などがある。

模範解答

I'm (Name).
私は〇〇です。

You

❶ (Name).	▷〇〇です。
❷ My name is (Name).	▷私の名前は〇〇です。

Paul

Nice to meet you! I'm from France.
Where are you from?
はじめまして！　ぼくはフランス出身です。
あなたはどちらの出身ですか？

□ Nice to meet you.	「はじめまして。」	▷Glad to meet you. とも言う。「お会いできてうれしいです。」という意味。
□ Where are you from?	「あなたはどちらの出身ですか？」	▷Where do you come from? とも言う。

014　Mission 1　自己紹介をしよう

STEP 1の動画の外国人のセリフと和訳を示しています。重要な表現については下で解説をしています。英会話でよく使う表現を学習しましょう。

STEP 1であなたがどう言えばよかったかの例を、模範解答として示しています。下にはその他の言い方も示しているので、確認しましょう。

STEP 3:PRACTICE >> その他の表現の確認

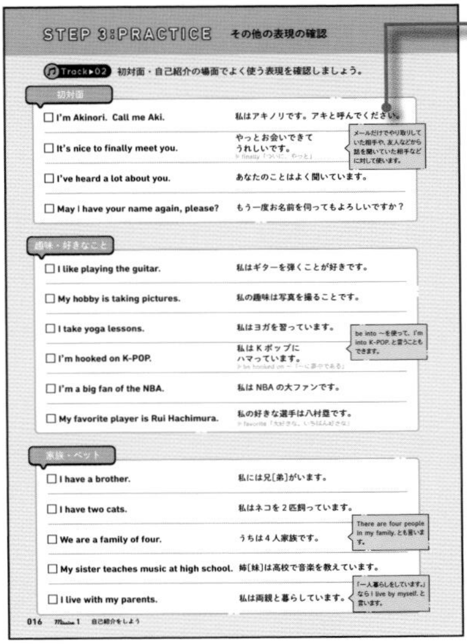
STEP 3:PRACTICE　その他の表現の確認

Track▶02　初対面・自己紹介の場面でよく使う表現を確認しましょう。

初対面

□ I'm Akinori. Call me Aki.	私はアキノリです。アキと呼んでください。
□ It's nice to finally meet you.	やっとお会いできてうれしいです。(メールだけでやり取りしていた相手や、友人などから話を聞いていた相手などに対して使います。)
□ I've heard a lot about you.	あなたのことはよく聞いています。
□ May I have your name again, please?	もう一度お名前を伺ってもよろしいですか？

趣味・好きなこと

□ I like playing the guitar.	私はギターを弾くことが好きです。
□ My hobby is taking pictures.	私の趣味は写真を撮ることです。
□ I take yoga lessons.	私はヨガを習っています。
□ I'm hooked on K-POP.	私はKポップにハマっています。(be into ～を使って、I'm into K-POP. と言うこともできます。)
□ I'm a big fan of the NBA.	私はNBAの大ファンです。
□ My favorite player is Rui Hachimura.	私の好きな選手は八村塁です。

家族・ペット

□ I have a brother.	私には兄[弟]がいます。
□ I have two cats.	私はネコを2匹飼っています。
□ We are a family of four.	うちは4人家族です。(There are four people in my family. とも言います。)
□ My sister teaches music at high school.	姉[妹]は高校で音楽を教えています。
□ I live with my parents.	私は両親と暮らしています。(「一人暮らしをしています。」なら I live by myself. と言います。)

016　Mission 1　自己紹介をしよう

ミッションのシチュエーションでよく使う、その他の表現を紹介しています。

音声について

STEP 2、STEP 3の英文の音声は、無料音声再生アプリ「my-oto-mo」で聞くことができます。ご利用の場合は、下記へアクセスしてください。

https://gakken-ep.jp/extra/myotomo/

※ アプリの利用は無料ですが、通信料はお客様のご負担になります。
※ お客様のネット環境および端末の設定等により、音声を再生できない場合、当社は責任を負いかねます。

Contents

あ… I like shopping.
Nice to meet you.
You
あなたは都内で働く社会人。学校ではまじめに英語を勉強してきたけど、いざ話すとなると緊張してしまう…。今日はフィリピン人の同僚が主催するパーティーにやってきた。

You

あなたは友人と海外旅行をすることになった。
はじめての憧れの海外。
さまざまなチャレンジが待っているかも!?

Chapter 2
旅行の英会話

How are you?
I'm glad to see you!
You
あなたは海外に留学中。
外国での生活にも慣れ、
英語での日常会話もある
程度できるようになったが、
まだまだ応用はきかない。

Chapter 3 日常の英会話

Chapter 4 トラブルの英会話

Hi. How's it going?
Me? So-so ....
You
あなたは仕事で海外に住んで３年。同僚との英語での日常会話には問題ない。しかし、思わぬトラブルに見舞われたら!?

Cast

動画には世界各国出身の人たちが登場します。

登場人物の設定は次の通りです。

Paul

ポール（フランス）
穏やかな性格で人と話すのが大好き。趣味はサッカー。

Sophia

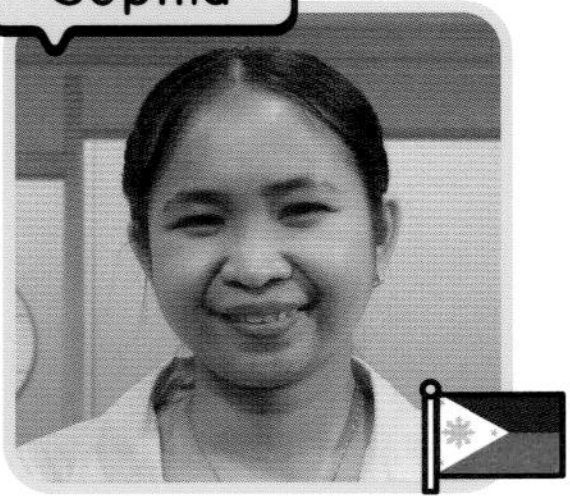

ソフィア（フィリピン）
いつもテキパキとしていて、仕事ができる。アニメが好き。

Julia

ジュリア（ポーランド）
航空会社で働いている。染めた金髪がお気に入り。

Ali

アリ（ナイジェリア）
人見知りでおとなしいが、仲良くなるとおしゃべりになる。

Robert

ロバート（アメリカ）
平日はホテルで働き、休日は英会話講師の副業をしている。

Tianna

ティアナ（ジャマイカ）
いくつかのバイトを掛け持ちしている。いつも元気でパワフル。

Bob

ボブ（アメリカ）
旅行代理店で働く。普段から道に迷いがち。ダンスが得意。

Sarah

サラ（パレスチナ）
立ち居振る舞いが上品で、いつも落ち着いている。

David

デイビッド（スペイン）
お土産店でバイトをしている医学生。数年後、病院に就職予定。

Chapter 1

基本の英会話

この章では、あいさつや質問の仕方など、基本的なコミュニケーションにチャレンジしましょう。学校ではそれなりに英語を勉強してきたし、海外に興味もあるけれど、いざ外国人を目の前にするとドキドキしてうまく話せない…。そんなあなたの、はじめてのミッションです。

あ… I like shopping.
Nice to meet you.

Mission 1

自己紹介をしよう

難易度 ★★★

あなたは外国人が集まるパーティーに来ている。

そこで初対面の外国人に声をかけられた。

自分の名前、出身国、職業を伝えよ。

二次元コードから動画を見て、Paulと会話をしてみましょう。

Paul
動画でチャレンジ
Paul
（ポール）

STEP 2:REVIEW 会話の確認

Track▶01 動画に出てきた重要な表現をおさえ、解答例を確認しましょう。

Hi there. I'm Paul.
What's your name?
やあ。ぼくはポールです。
あなたのお名前は？

- ☐ Hi there. 「やあ。」
- ☐ What's your name? 「あなたのお名前は？」

▶ 気軽なあいさつ。この there には「そこに」の意味はなく、呼びかけの語として使われている。

▶ ていねいな言い方には May I ask your name? や Can I have your name? などがある。

Mission 模範解答

I'm (Name).
私は〇〇です。

▶ 自分の名前を伝えるときは、I'm ～. で OK。姓も言うときは〈姓+名〉でも〈名+姓〉でもいい。

別のこたえ方

❶ (Name).	▶ 〇〇です。
❷ My name is (Name).	▶ 私の名前は〇〇です。

Nice to meet you! I'm from France.
Where are you from?
はじめまして！　ぼくはフランス出身です。
あなたはどちらの出身ですか？

- ☐ Nice to meet you. 「はじめまして。」
- ☐ Where are you from? 「あなたはどちらの出身ですか？」

▶ Glad to meet you. とも言う。「お会いできてうれしいです。」という意味。

▶ Where do you come from? とも言う。

Mission
模範解答

I'm from Japan.

私は日本出身です。

▶ 自分の出身を伝えるときは、I'm from ～. と言う。よく知られた都市の出身なら、その都市名で答えることもよくある。

別のこたえ方

❶ Japan.	▶ 日本です。
❷ I come from Japan.	▶ 私は日本出身です。

▶ ❷ come from ～も「～の出身である」という意味。

I see. What do you do?

そうなんですね。お仕事は何ですか？

- ☐ I see.　「そうなんですね。」　▶ 相づちの表現。「なるほど。」「わかりました。」「そうですか。」といった意味。
- ☐ What do you do?　「お仕事は何ですか？」　▶ 仕事をたずねるときの決まった言い方。

Mission
模範解答

I'm an office worker.

私は会社員です。

▶「会社員」は office worker。

Me too. I'm an IT engineer.

ぼくもです。ぼくは IT 技術者です。

STEP 3:PRACTICE　その他の表現の確認

Track▶02　初対面・自己紹介の場面でよく使う表現を確認しましょう。

初対面

- ☐ **I'm Akinori. Call me Aki.**　私はアキノリです。アキと呼んでください。
- ☐ **It's nice to finally meet you.**　やっとお会いできてうれしいです。
  ▶ finally「ついに、やっと」
  メールだけでやり取りしていた相手や、友人などから話を聞いていた相手などに対して使います。
- ☐ **I've heard a lot about you.**　あなたのことはよく聞いています。
- ☐ **May I have your name again, please?**　もう一度お名前を伺ってもよろしいですか？

趣味・好きなこと

- ☐ **I like playing the guitar.**　私はギターを弾くことが好きです。
- ☐ **My hobby is taking pictures.**　私の趣味は写真を撮ることです。
- ☐ **I take yoga lessons.**　私はヨガを習っています。
- ☐ **I'm hooked on K-POP.**　私はＫポップにハマっています。
  ▶ be hooked on ～「～に夢中である」
  be into ～を使って、I'm into K-POP. と言うこともできます。
- ☐ **I'm a big fan of the NBA.**　私は NBA の大ファンです。
- ☐ **My favorite player is Rui Hachimura.**　私の好きな選手は八村塁です。
  ▶ favorite「大好きな、いちばん好きな」

家族・ペット

- ☐ **I have a brother.**　私には兄[弟]がいます。
- ☐ **I have two cats.**　私はネコを２匹飼っています。
- ☐ **We are a family of four.**　うちは４人家族です。
  There are four people in my family. とも言います。
- ☐ **My sister teaches music at high school.**　姉[妹]は高校で音楽を教えています。
- ☐ **I live with my parents.**　私は両親と暮らしています。
  「一人暮らしをしています。」なら I live by myself. と言います。

仕　事

☐ I work at a publishing company.	私は出版社で働いています。
☐ I work as a secretary.	私は秘書として働いています。 ▶ as ～「～として」
☐ I work part-time at a café.	私はカフェでアルバイトをしています。 ▶ part-time「アルバイトで、パートで」
☐ It's a hard job, but it's interesting.	大変な仕事ですが、おもしろいです。
☐ I went to Brazil on business last month.	私は先月、出張でブラジルに行きました。 ▶ on business「仕事で、商用で」

学校・大学

☐ I'm a high school student.	私は高校生です。
☐ I'm on the baseball team at school.	私は学校で野球部に入っています。
☐ I practice tennis very hard every day.	私は毎日テニスをとても一生懸命練習しています。
☐ I'm majoring in biology.	私は生物学を専攻しています。 ▶ major in ～「～を専攻する」

「中学生」は junior high school student、「大学生」は university [college] student。

文化系のクラブの場合は on ではなく in を、team ではなく club を使います。

進行形ではなく、I major in biology. とも言います。

Column

フランスの定番あいさつは、ほっぺに「チュ」！

フランスのあいさつは、相手と地域によって方法が変わるんだ。
ぼくの住む地域では、友人同士のあいさつでは頬に軽くキスをする。
ただし、頬に直接キスするのではなく、頬と頬をくっつけた状態で空気中で「チュ」と音を鳴らす。このあいさつを「ビズ(bise)」と言うよ。でも、ぼくの祖母や母は直接頬にキスしてくるね(笑)。相手によってキスの仕方が変わるんだ。
ちなみに、初対面の人同士や、男性同士では握手をすることが多いよ。
ヨーロッパのあいさつは、地域とそこの文化によって変わってくるから、まずは周りの人たちがどうあいさつしているかを観察してみるといいかも！

Paul（ポール）
フランス

Mission 2

相手のことを聞こう

難易度 ★★★

あなたはPaulとの会話を続けている。

Paulの今住んでいる場所と、
休みの日にしていることをたずねよ。

二次元コードから動画を見て、Paulと会話をしてみましょう。

Paul
動画でチャレンジ
Paul
（ポール）

STEP 2:REVIEW 会話の確認

Track▶03 動画に出てきた重要な表現をおさえ、解答例を確認しましょう。

Mission

模範解答

> **Where do you live now?**
>
> 今はどこに住んでいるのですか？

▶「どこ」とたずねるときは、whereを使う。

I live in San Francisco now.
It's such a convenient place.

ぼくは今、サンフランシスコに住んでいます。
とても便利な所です。

□ such a[an]＋形容詞＋名詞　「とても～な○○」

▶名詞が複数形や数えられない名詞の場合はa[an]は使わない。

Mission

模範解答

> **I see.**
> **What do you do on your days off?**
>
> そうなんですね。
> 休みの日は何をしていますか？

▶趣味をたずねるときによく使う言い方。day offは「(仕事のない)休日、非番の日」。

別のたずね方

❶ What do you do on weekends?	▶週末には何をしていますか？
❷ What do you do in your free time?	▶時間があるときは何をしていますか？

▶weekend(週末)、free time(自由な時間、暇な時間)を使って、上のようにたずねてもいい。

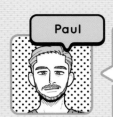

Paul

Oh, I play soccer with my friends pretty often!

ああ、わりとよく友人たちとサッカーをしてるんですよ！

☐ **pretty often** 「わりとよく」

▶ この pretty は「まあまあ」という意味で、直訳すると「まあまあ頻繁に」。

You

That's cool! いいですね！

▶ cool は会話では「すばらしい、すてきな」という意味でよく使われる。

サンフランシスコと言えばアメフトが有名だよね。

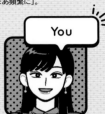

アメリカでは、アメリカンフットボール・野球・バスケットボール・アイスホッケーが人気の４大スポーツです。

STEP 3:PRACTICE その他の表現の確認

Track▶04 相手のことをたずねたいときに使える表現を確認しましょう。

趣味・好きなこと

- ☐ **What do you like to do?** どんなことをするのが好きですか？
- ☐ **Do you have any hobbies?** 何か趣味はありますか？
- ☐ **What kind of music do you like?** どんな音楽が好きですか？
  ▶ what kind of ～「どんな種類の～」
- ☐ **How do you spend your free time?** 時間があるときはどのように過ごしますか？
  ▶ spend「(時を)過ごす」
- ☐ **Are you the outdoor type?** あなたはアウトドア派ですか？

家族

- ☐ **Do you have any brothers or sisters?** ごきょうだいはいますか？
  any pets を使えばペットを飼っているかをたずねることができます。
- ☐ **Do you live with your family?** ご家族と住んでいるのですか？
- ☐ **What does your sister do?** お姉さん[妹さん]はどんなお仕事をされていますか？
- ☐ **Are you married?** ご結婚されていますか？
  相手が不愉快に思わないか、よく考えてからたずねるようにしましょう。

仕事

- ☐ **Are you busy at work?** お仕事は忙しいですか？
- ☐ **Do you like your job?** お仕事は好きですか？
- ☐ **Where's your office?** 会社はどちらにあるのですか？
- ☐ **What exactly do you do at work?** 職場では具体的にどんなお仕事をしているのですか？
  ▶ exactly「正確に、具体的に」

学校・大学

アメリカでは小学校から高校までを1年～12年で表し、高1ならI'm in the tenth grade. と言います。

□ **What grade are you in?**	何年生ですか？
□ **Are there any areas of study you like?**	勉強で何か好きな分野はありますか？
□ **What's your major?**	あなたの専攻は何ですか？ ▶ major「専攻」
□ **Do you have any future plans?**	将来の計画は何かありますか？ ▶ future「未来(の)、将来(の)」

たずね返す・詳しくたずねる

自分の考え・好みなどを言ったあと、相手はどう（思う）かをたずねるときにも使えます。

□ **What do you do?** **— I'm a nurse. How about you?**	何のお仕事をしていますか？ — 私は看護師です。あなたは？
□ **I'm from the US.** **— Where in the US?**	私はアメリカ出身です。 — アメリカのどの辺りですか？

その他

直訳すると「何があなたを日本に連れてきましたか?」。来た理由をたずねるときの表現です。

□ **What brought you to Japan?**	日本にはなぜ来られたのですか？
□ **Have you ever been to Osaka?**	大阪に行ったことはありますか？

Column

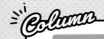

国によって全然違う？　ヨーロッパのあいさつ文化

同じヨーロッパでも、国や地域によってあいさつの仕方が違うよ。例えば、フランスの隣国であるドイツでは、体の接触は比較的少なめ。知人や仕事相手には握手、友人ならハグか握手、久しぶりに会う親戚にはキス、という感じだね。さらにイギリスには、ヨーロッパの中で特に人との距離をとる文化がある。イギリス人が初対面でハグをすることはあまりないから、その点は日本人と通じるところがあるかもしれないね。

Mission 3

友人を紹介しよう

難易度 ★★★

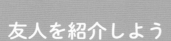

Paulと話していると、向こうから
あなたの同僚で友人のSophiaがやってきた。
Sophiaはフィリピン出身の女性だ。

Paul に Sophia のことを紹介せよ。

二次元コードから動画を見て、Paulと会話をしてみましょう。

Paul
動画でチャレンジ
Paul
（ポール）

STEP 2:REVIEW 会話の確認

Track▶05 動画に出てきた重要な表現をおさえ、解答例を確認しましょう。

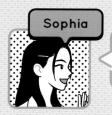

Sophia

Hi!

こんにちは！

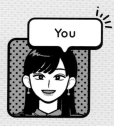

Mission

模範解答

This is my friend, Sophia.

こちらは私の友人のソフィアです。

You

別の言い方

1. This is Sophia, my friend. ▶ こちらはソフィア、私の友人です。

Paul

Hi! I'm Paul.
Nice to meet you, Sophia.

こんにちは！　ぼくはポールです。
はじめまして、ソフィア。

Sophia

Nice to meet you, Paul. Oh, I'm sorry, but I have to go! See you later!

はじめまして、ポール。ああ、すみませんが、
行かなくては！　ではまた！

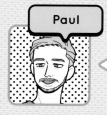

Paul

Well, she's a busy person, isn't she?
What does she do?

へえ、忙しい人なんですね。
彼女は何の仕事をしているのですか？

Mission 模範解答

She works at the same place as me.

彼女は私と同じ会社で働いています。

▶ the same ～ as … で「…と同じ～」。place(場所)は、ここでは「会社、勤務先」を指す。

別のこたえ方

❶ She works with me.	▶ 彼女は私と一緒に働いています。
❷ We work at the same company.	▶ 私たちは同じ会社で働いています。

That's nice. Where's she from?

それはいいですね。彼女はどちらの出身ですか？

Mission 模範解答

The Philippines.

フィリピンです。

別のこたえ方

❶ From the Philippines.	▶ フィリピン出身です。
❷ She's from the Philippines.	▶ 彼女はフィリピン出身です。

I see. OK, I have to go, too!
Nice to meet you. Enjoy your day!

そうなんですね。さて、ぼくも行かなくちゃ！
会えてよかったです。楽しんでください！

☐ Nice to meet you. 「会えてよかったです。」 ▶ 別れ際ではこの意味。It was nice to meet you. の It was を省略した少しくだけた言い方。

STEP 3:PRACTICE その他の表現の確認

Track▶06 人の紹介や、別れの場面でよく使う表現を確認しましょう。

自分との関係

□ We've been friends for ten years.	私たちは 10 年来の友人です。 ▶ we've は we have の短縮形。
□ How did you meet? — We were classmates at high school.	あなたたちはどうやって出会ったのですか？ — 私たちは高校でクラスメートでした。
□ He came to my department last year.	彼は去年、私の部署に来ました。

仕　事

□ She's an illustrator.	彼女はイラストレーターです。
□ He's in the travel business.	彼は旅行関係の仕事をしています。 ▶～ business「～業」
□ She works at a bank.	彼女は銀行で働いています。
□ He's creating new types of toys.	彼は新しい種類のおもちゃを作っています。
□ She's usually busy with her work.	彼女はたいてい仕事で忙しくしています。 ▶ be busy with ～「～で忙しい」

be 動詞の代わりに work を使っても OK です。

得意なこと

□ She's a good singer.	彼女は歌がうまいんです。
□ He's good at cooking.	彼は料理が得意です。 ▶ be good at ～「～が得意だ」
□ His potato gratin is great.	彼のポテトグラタンはとてもおいしいです。
□ She plays tennis very well.	彼女はテニスがとても上手です。
□ He's an ace player on the soccer team.	彼はサッカー部のエースです。
□ She can speak three languages.	彼女は 3 か国語が話せます。

この singer は歌手のことではなく、「歌う人」という意味です。

He's a good cook. とも言います。

人柄など

明るい：cheerful
活発な：active
気さくな：friendly
シャイな：shy

□ **He's kind.**	彼は親切です。
□ **She's a lot of fun.**	彼女はとても楽しい人です。 ▶fun「楽しいこと[人]」
□ **He's a hard worker.**	彼は勤勉[努力家]です。
□ **He loves beer.**	彼はビールが大好きです。
□ **She often helps me with my work.**	彼女はよく私の仕事を手伝ってくれます。

別れ際など

meeting は初対面の人と別れるときに使います。再会した人の場合は seeing を使います。

□ **(It was) nice meeting you.**	お会いできてよかったです。
□ **(It was) nice talking to you.**	お話しできてよかったです。
□ **Have a good time.**	楽しんでください。
□ **Excuse me.**	〈席を外すときなどに〉ちょっと失礼します。

Have fun. とも言います。time の代わりに day を使うと「よい一日を。」という意味になります。

Column

フィリピン人とのコミュニケーションは英語、もしくは…？

フィリピンではほとんどの人が英語を話せるよ。でも、独自の言語として「フィリピノ語（タガログ語）」というものもあるんだよ。地域によってはフィリピノ語を公用語として使っているところもあるの。「こんにちは」はフィリピノ語で「マガンダンハーポン」、「こんばんは」は「マガンダンガビ」と言うよ。英語と全然違うよね。もしフィリピンに来ることがあったら、試しに使ってみてね！

ZADANKAI

vol. 01

世界のあるある座談会

世界各国の英語の発音・話し方

国や地域によって異なる「英語の発音や話し方」について聞いてみました。

David

Kingdom of Spain（スペイン）

ぼくの英語の発音は、他の国の人と比べると少し強い音に聞こえるかもしれない。スペイン人は「r」「g」「j」を強く発音する傾向にあるんだ。

Tianna

Jamaica（ジャマイカ）

私の出身国の人たちは、「パトワ」という、英語とアフリカやスペイン等の言語が組み合わさった言葉で会話をするの。とても情熱的でジェスチャーをたくさん使って話すよ。

Bob

United States of America（アメリカ）

ぼくはニュージャージー州出身で、アフリカ系アメリカ人に特有の発音で話すよ。同じアメリカの中でも、地域によってさまざまな英語の発音があるんだ。

Robert

United States of America（アメリカ）

ぼくの出身地域カリフォルニア州では、他の地域の人と比べて、ゆっくり英語を話す傾向にあるよ。天気がいい日は、ゆっくり話す人がさらに増える気がするなあ。

Chapter 2

旅行の英会話

この章では、空港、ホテル、レストラン…など、海外旅行でよくあるシチュエーションでの英会話にチャレンジしましょう。友人と海外旅行に来たけれど、実は、英語にはあまり自信がない…。でも、せっかくの機会だし思いきって話してみたい！　そんなあなたのためのミッションです。

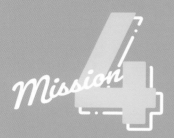

Mission 4

飛行機：Airplane

食べ物・飲み物を注文しよう

難易度 ★★★

動画でチャレンジ

海外へ旅行するため、飛行機に乗ったあなた。

お昼どきになり、キャビンアテンダントの

女性に話しかけられた。

メインの料理と飲み物を注文せよ。

二次元コードから動画を見て、Juliaと会話をしてみましょう。

Julia
Julia
（ジュリア）

Track▶07 動画に出てきた重要な表現をおさえ、解答例を確認しましょう。

Would you like beef or chicken?
ビーフとチキンのどちらになさいますか？

☐ **Would you like 〜?** 「〜はいかがですか？」

▶ 食べ物や飲み物をすすめるときの言い方。ここではorを使ってどちらがよいかをたずねている。

Mission

模範解答

> **Chicken, please.**
> チキンをください。

別のこたえ方

❶ I'd like chicken, please.	▶ チキンをください。
❷ I'll have chicken, please.	▶ チキンをください。
❸ Can I have chicken?	▶ チキンをもらえますか？

▶ ❶ I'd は I would の短縮形。would like は want（ほしい）のていねいな言い方。

OK. **What would you like to** drink?
We have orange juice, apple juice, green tea, and coffee.
わかりました。お飲み物は何になさいますか？
オレンジジュース、リンゴジュース、緑茶、コーヒーがあります。

☐ **What would you like to 〜?** 「何を〜したいですか？」

▶ would you like to 〜?はdo you want to 〜?のていねいな言い方。

Mission

模範解答

I'd like apple juice, please.

リンゴジュースをください。

別のこたえ方

❶ Apple juice, please.	▶ リンゴジュースをください。
❷ Can I have apple juice, please?	▶ リンゴジュースをもらえますか？
❸ Can I get apple juice, please?	▶ リンゴジュースをもらえますか？

▶ ❷ ❸ Can I have[get] ～? で「～をもらえますか?」。 ❸ はややラフな言い方で、イギリスではあまり言わない。

Sure. Just a moment, please.

かしこまりました。少々お待ちください。

- ☐ **Sure.**　「かしこまりました。」
- ☐ **Just a moment.**　「少々お待ちください。」

▶ 返事として使われ、「はい。」「わかりました。」「いいですよ。」「もちろん。」という意味。

▶ Just a minute. や Wait a moment[minute]. とも言う。

All right.　はい。

キャビンアテンダントを呼ぶときは、"Excuse me." と声をかけましょう。

STEP 3:PRACTICE その他の表現の確認

Track▶08 飛行機内でよく使う表現を確認しましょう。

食 事

☐ Can I have my meal later?	食事は後でいただけますか？
☐ Can you take this away?	これを片づけてもらえますか？
☐ Something to drink? — I'm fine, thank you.	飲み物はいかがですか？ — 結構です、ありがとう。
☐ Do you have green tea?	緑茶はありますか？
☐ Can I have another coffee?	コーヒーのおかわりをもらえますか？ ▶ another「もう１つの」
☐ I'm allergic to peanuts.	私はピーナッツアレルギーです。 ▶ be allergic to ～「～アレルギーである」

食事を終えて、片づけてもらいたいときに使います。

断るときにもお礼を言うようにしましょう。

助けを求める・物を頼む

☐ Where is my seat?	私の席はどこですか？
☐ Could you help me with my luggage?	荷物を(入れるのを)手伝っていただけますか？
☐ Excuse me, can I have another blanket?	すみません、毛布をもう１枚もらえますか？
☐ Do you have any Japanese magazines?	日本の雑誌はありますか？
☐ My headset doesn't seem to work.	ヘッドホンが壊れているようなのですが。 ▶ work「機能する」
☐ How do I play the movie?	映画はどうやって再生するのですか？
☐ I'm not feeling well.	気分がよくありません。
☐ Do you have any medicine?	薬はありますか？

荷物を席の上の収納棚に入れるとき、または下ろすときなどに使います。

他の乗客に

□ Excuse me, I think you're sitting in my seat.	すみません、私の席に座っていらっしゃると思うのですが。
□ Excuse me, may I pass?	すみません、通してもらえますか？ 隣の人の前などを通してもらいたいときに使います。
□ Do you mind if I put my seat back?	席を倒しても構いませんか？
□ Would you mind changing seats with me?	席を替わっていただけませんか？
□ Could you tell me what that announcement said?	アナウンスが何と言ったか教えていただけますか？

その他

□ Are we on time?	予定どおりに飛んでいますか？ ▶ on time「時間どおりで」
□ Can I change my seat?	席を替わってもいいですか？ 航空券を見せながらこのようにたずねましょう。Do you think ～? を使うとやさしい言い方になります。
□ Do you think I can make this connecting flight?	この接続便に間に合うでしょうか？ ▶ make「～に間に合う」　connecting flight「接続便」

Column

ヨーロッパ（EU 加盟国）の旅行は、パスポートいらず！

EU 加盟国に共通することだけど、日本でいう国内線と国際線のように、EU 圏内行きとそうでない飛行機では乗り場が分かれているよ。EU 圏内行きのときはパスポートのチェックは不要で、EU 圏外行きのときは搭乗口に行くまでの間に出入国管理があるの。

機内サービスは、日本ほど至れり尽くせりじゃないことが多くて、日本の接客に慣れている人には少しドライな対応だと感じられるかもしれないね。機内食は航空会社や渡航先によってさまざまだから、いろいろ楽しんでみて！

Mission 5

空港：Airport

入国審査を受けよう

難易度 ★★★

あなたは目的地の空港に到着し、飛行機を降りた。

ここでは１週間、観光をする予定だ。

入国審査をスムーズに通過せよ。

二次元コードから動画を見て、Ali と会話をしてみましょう。

Ali
動画でチャレンジ
Ali
（アリ）
TOKYO
GLOBAL GATEWAY

Track▶09 動画に出てきた重要な表現をおさえ、解答例を確認しましょう。

Show me your passport, please.
What's the purpose of your visit?
パスポートを見せてください。
訪問の目的は何ですか？

☐ **What's the purpose of your visit?** 「訪問の目的は何ですか？」 ▶入国審査で聞かれる定番の質問。

Mission 模範解答

Sightseeing.
観光です。

別のこたえ方

❶ Pleasure.	▶観光［遊び］です。
❷ I'm here for sightseeing.	▶観光目的でここに来ました。

How long are you going to stay?
どれくらい滞在しますか？

☐ **How long are you going to stay?** 「どれくらい滞在しますか？」 ▶これも入国審査の定番の質問。how long の代わりに how many days と言うこともある。

Mission
模範解答

> For a week.

1週間です。

別のこたえ方

❶ A week.	▶ 1週間です。
❷ I'm staying for a week.	▶ 1週間滞在します。
❸ I'm going to stay for a week.	▶ 1週間滞在します。

▶ ❷ I'm staying はここでは「滞在している」という意味ではなく、すでに決まっている予定を表している。

OK. Here's your passport.
Enjoy your stay.

わかりました。はい、パスポートです。
滞在を楽しんでください。

☐ **Here's ～.**　「はい、～です。」

▶ 相手に物を手渡すときや、目の前のものに相手の注意を向けたいときに使う。

Thank you. ありがとうございます。

入国審査、無事に通過！
ホテルに向かおう。

入国審査では、どこに滞在するか聞かれることもあります。聞かれたら地名やホテル名などを答えましょう。

STEP 3:PRACTICE　その他の表現の確認

Track▶10　空港でよく使う表現を確認しましょう。

搭乗手続き

☐ Where are you flying to today? — I'm flying to Sydney.	本日はどちらへ行かれますか？ — シドニーへ行きます。▶fly「飛行機で行く」
☐ Window or aisle seat? — I'd like an aisle seat.	窓側と通路側のどちらにされますか？ — 通路側をお願いします。
☐ Could I get a window seat?	窓側の席をお願いできますか？
☐ May I change my seat?	座席の変更はできますか？

シンプルにAisle, please. でもOKです。aisleの発音［ail アイル］に注意しましょう。

荷物の預け入れ

☐ (Do you have) any baggage to check? — I'd like to check one item.	預ける荷物はありますか？ — 1つ預けたいです。 ▶check「(空港などで)預ける」
☐ I have nothing to check.	預ける物はありません。
☐ This bag is a carry-on.	このかばんは機内持ち込みです。
☐ Your luggage is overweight. — Can I take a few things out?	預け入れ荷物が重量超過です。 — いくらか物を取り出してもいいですか？
☐ Can I carry this onto the plane?	これを機内に持ち込めますか？
☐ Could you mark this as fragile?	壊れ物のタグをこれに付けてもらえますか？ ▶fragile「壊れやすい」

luggage も baggage も「(旅行の)手荷物」という意味です。

搭乗前など

☐ Where is Gate 20?	20番ゲートはどこですか？
☐ Is my flight on time?	私の乗る便は定刻通りですか？ ▶flight「飛行便」
☐ What's the boarding time?	搭乗時間は何時ですか？ ▶boarding「搭乗」
☐ I missed my flight.	飛行機に乗り遅れました。 ▶miss「乗り遅れる」
☐ Is there somebody who can speak Japanese?	どなたか日本語を話せる人はいますか？

入国審査・税関

□ Are you here for business or pleasure? — Business.	仕事で来ましたか、それとも観光ですか？ — 仕事です。
□ What brought you here? — I'm here to study abroad.	ここへ来た理由は何ですか？ — 留学するために来ました。
□ Where are you staying? — At TGG Hotel.	どこに滞在しますか？ — TGG ホテルです。
□ What's your occupation? — An office worker.	職業は何ですか？ — 会社員です。 ▶occupation「職業」
□ Anything to declare? — No, I have nothing to declare.	申告するものはありますか？ — いいえ、申告するものはありません。

荷物の紛失

□ I can't find my luggage.	荷物が見当たらないのですが。
□ My baggage hasn't come out.	荷物が出てきません。
□ What does it look like? — It's a blue suitcase.	どのような見た目ですか。 — 青いスーツケースです。
□ May I see your claim tag? — Sure. Here it is.	手荷物引換証を見せていただけますか？ — はい。これです。

Column

ナイジェリアの空港はいつも激混み!?

ナイジェリアは面積がとても広い国なので、国内だけでも約 20 か所の空港があるんだ。そして、ぼくの経験では、ナイジェリアの空港はどこに行っても本当に人がたくさんいる。その混雑を利用する悪い人に狙われ、スリや盗難にあってしまう可能性もあるから注意してね。自分の持ち物は肌身離さず持って、確認を怠らないようにしよう。

Mission 6

動画でチャレンジ

ホテル：Hotel

チェックインしよう

難易度 ★★★

空港を出て、早速予約したホテルへ向かったあなた。

入り口でホテルのスタッフが迎えてくれた。

名前を伝えてホテルにチェックインせよ。

二次元コードから動画を見て、Robert と会話をしてみましょう。

Robert
Robert
（ロバート）

Track▶11 動画に出てきた重要な表現をおさえ、解答例を確認しましょう。

Hello. Welcome to TGG Hotel.
How may I help you?

こんにちは。TGG ホテルへようこそ。
どのようなご用件でしょうか？

- □ **Welcome to 〜.** 「〜へようこそ。」
- □ **How may I help you?** 「どのようなご用件でしょうか？」 ▶ may の代わりに can が使われることもある。

Mission 模範解答

I'd like to check in.

チェックインをしたいのですが。

▶ I'd like to 〜. は I want to 〜. のていねいな言い方。

別のこたえ方

❶ Can I check in, please? ▶ チェックインをお願いできますか？

OK. Please come in.
May I have your name, please?

わかりました。お入りください。
お名前を伺えますか？

- □ **May I have 〜, please?** 「〜をいただけますか？」 ▶ your name の場合は名前をたずねていると考える。

Mission

模範解答

Sure.
It’s (Name).

はい。
〇〇です。

▶ 日本人の名前は〈名字+名前〉の順でも、〈名前+名字〉の順でも OK。

別のこたえ方

❶ (Name).	▶ 〇〇です。
❷ I’m (Name).	▶ 私は〇〇です。
❸ My name is (Name).	▶ 私の名前は〇〇です。

All right. Your room is 807.
Here’s your room key.

わかりました。お部屋は 807 号室です。
こちらがお部屋の鍵です。

☐ Here’s ～. 「こちらが～です。」

Thank you. ありがとうございます。

STEP 3: PRACTICE　その他の表現の確認

Track▶12　ホテルでよく使う表現を確認しましょう。

部屋を予約する

□ Do you have a room available for tonight?	今晩空いている部屋はありますか？ ▶ available「利用できる、入手できる」
□ I'd like to reserve a room for May 2 and 3.	5月2日と3日に部屋を予約したいのですが。
□ I'd like a single, please.	シングルルームをお願いします。
□ Do you have a room with an ocean view?	オーシャンビューの部屋はありますか？
□ I'd like to stay for two nights.	2泊したいのですが。
□ How much is a single room per night?	シングルルームは1泊いくらですか？ ▶ per ～「～につき」
□ Is breakfast included?	朝食はついていますか？ ▶ include「含む」

日にちは first、second、third、fourth などの序数で言います。

day ではなく night を使うことに注意しましょう。

チェックインする

□ I have a reservation. My name is Kato.	予約をしています。加藤といいます。
□ Here's my booking confirmation.	これが予約の控えです。 ▶ booking「予約」 confirmation「確認書」
□ Sorry, your room isn't ready yet. — Could you keep my baggage until two?	すみません、まだお部屋が用意できていません。 — 2時まで荷物を預かってもらえますか？
□ What time can I check in?	何時にチェックインできますか？
□ What time is breakfast served?	朝食は何時ですか？ ▶ serve「(食事を)出す」
□ Is there free Wi-Fi in the room?	部屋にフリー Wi-Fi はありますか？
□ Could you tell me the password?	パスワードを教えていただけますか？
□ I have a reservation for tonight, but I'll be arriving late.	今晩予約している者ですが、到着が遅くなります。

What time の代わりに When も使えます。文末に until をつければ、何時までかをたずねられます。

チェックインが遅くなる場合は、予約を取り消されないように連絡しておきましょう。

フロントでたずねる

□ Is there a good café around here?	この辺りにいいカフェはありますか？
□ Do you have a hair dryer?	ドライヤーはありますか[借りられますか]？
□ Can I check my valuables here?	こちらで貴重品を預かってもらえますか？ ▶ valuables「貴重品」
□ Could I have my room changed, please?	部屋を替えていただけますか？
□ This is Room 503. Could you bring me a blanket, please?	503 号室です。毛布を 1 枚持ってきてもらえますか？

〈have + A +過去分詞〉で「A を～してもらう」という意味です。

フロントに電話してこのように頼めます。部屋番号の「0」は、[ou オウ] と言うことが多いです。

チェックアウトする

□ I'd like to check out, please.	チェックアウトをお願いします。
□ Can I extend my stay one night?	もう 1 泊、延長できますか？ ▶ extend「延長する」
□ What's this charge for?	これは何の料金ですか？ ▶ charge「料金」
□ Could I get help with my luggage?	荷物を運ぶのを手伝っていただけますか？ ▶ get help (with ～)「(～のことで)助けを得る、手を借りる」

Column

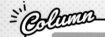

アメリカのホテルではお礼のお金が必要!?

アメリカでは、良いサービスに対して利用者がチップ(お金)を払う習慣があります。宿泊したホテルでの接客や掃除に対して、満足した分だけお金を払い、働く人に感謝の気持ちを伝えるのです。この習慣はホテルだけでなく、レストランやタクシーなどでもあります。このような職業につく人は、チップをもらえることを見込んで給料が決められていることがほとんどなので、チップがないとその分収入が下がってしまうんですよ。

Robert（ロバート）
アメリカ

Mission 7

食料品店：Grocery store

朝ご飯を買おう

難易度 ★★★

ホテルで１泊し、翌朝を迎えたあなた。
朝ご飯を買いに、ホテル近くの
食料品店にやってきた。

バナナとコーヒーを購入せよ。

二次元コードから動画を見て、Tianna と会話をしてみましょう。

Tianna
Tianna
（ティアナ）

STEP 2:REVIEW 会話の確認

Track▶13 動画に出てきた重要な表現をおさえ、解答例を確認しましょう。

Hello. What would you like today?
こんにちは。今日は何をお求めですか？

☐ **What would you like?** 「何をお求めですか？」 ▶ レストランなどで食事の注文をたずねるときにも使われる。

Mission 模範解答

May I have a banana?

バナナをください。

▶ May の代わりに Can や Could を使っても OK。

別のこたえ方

❶ A banana, please.	▶ バナナをください。
❷ I'd like a banana.	▶ バナナをください。
❸ I'll have a banana, please.	▶ バナナをください。

Sure. Anything else?
かしこまりました。他にありますか？

☐ **Anything else?** 「他にありますか？」 ▶ ほしい物や注文がこれで全部かを確認するときに使われる。

Mission
模範解答

A coffee, please.

コーヒーをください。

▶ coffee は数えられない名詞だが、注文のときはよく A coffee, please. / Two coffees, please. のように言う。

別のこたえ方

❶ I'd like a coffee, too.	▶ コーヒーもください。
❷ Can I have a coffee, please?	▶ コーヒーをもらえますか？
❸ Can I get a coffee?	▶ コーヒーをもらえますか？

All right. That'll be 5 dollars.
わかりました。5ドルです。

☐ **That'll be 〜.**　「（合計額は）〜です。」

Here you are.　はい、どうぞ。

▶ 物を手渡すときに言う。

Thank you. Have a nice morning.
ありがとうございます。よい朝を過ごしてください。

☐ **Have a nice 〜.**　「よい〜を（過ごしてください）。」　▶ 場面によって、nice の後には day や night、trip などがくる。

STEP 3:PRACTICE　その他の表現の確認

Track▶14　食料品店やスーパーなどでよく使う表現を確認しましょう。

有無や場所をたずねる

- ☐ **Do you have cupcakes?**　カップケーキはありますか？
- ☐ **I'm looking for cheese.**　チーズを探しているのですが。
- ☐ **Where can I find cereal?**
— It's on aisle 7.　シリアルはどこにありますか？
— 7番通路にあります。
  - スーパーではよく通路の番号で説明されます。
- ☐ **Where is the seafood section?**　鮮魚売り場はどこですか？
  - ▶section「部門、コーナー」
- ☐ **Where can I get bread?**　パンはどこで買えますか？

注文・質問する

- ☐ **I'll take three of these.**　これを3つください。
  - 呼び方がわからない物でも、指でさしながらこのように注文すればOKです。
- ☐ **I'd like a half pound of shrimp.**　小エビを半ポンドください。
  - 1ポンドは約454gです。
- ☐ **Can I have five slices of bacon?**　ベーコンを5枚もらえますか？
- ☐ **Can I try this?**　これを試食できますか？
  - 試食ができるお店では、こんなふうにたずねてみるといいでしょう。
- ☐ **Do you sell tomatoes separately?**
— Sorry, we only sell them by the pound.　トマトはばら売りしていますか？
— すみません、ポンド単位で売っています。
  - ▶separately「別々に」
- ☐ **I'll have this salad in a small container.**　このサラダの小サイズをください。
  - ▶container「容器」
  - スーパーのデリなどで総菜を注文するときに使います。
- ☐ **What's in this sandwich?**　このサンドイッチには何が入っていますか？
- ☐ **Could you make it half?**　半分にしていただけますか？
  - かたまりのハムやチーズ、パンなどについて使います。
- ☐ **Could you slice it for me?**　スライスしていただけますか？

会計をする

☐ **Can I pay by credit card?**	カードで払えますか？
☐ **Please enter your PIN number.** **— Sure.**	暗証番号を入力してください。 — わかりました。 ▶PIN (number)「暗証番号」
☐ **Do you take Apple Pay?**	Apple Pay（アップルペイ）は使えますか？ この take は「受け取る」という意味で、代わりに accept も使えます。
☐ **I don't need a bag. I have my own.**	袋はいりません。マイバッグを持っています。
☐ **Can I have a bag?**	袋をもらえますか？
☐ **Paper or plastic?** **— Plastic, please.**	紙袋ですか？　ビニール袋ですか？ — ビニール袋をお願いします。
☐ **Do you have a TGG Mart Card?** **— No, I don't.**	TGG マートカードはお持ちですか？ — いいえ、持っていません。
☐ **Can you give me a discount?**	割引してもらえますか？ マーケット（市場）での買い物では、割引の交渉をしてみてもいいでしょう。
☐ **How about 10 dollars for three?**	3つで10ドルでどうですか？ これも値段の交渉で使えます。

Column

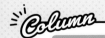

市場とスーパーでは、売られている食品が違う!?

ジャマイカをはじめとした、中央アメリカやカリブ海諸国の市場には、いつもたくさんの新鮮な果物や野菜、魚や肉が並んでいるよ。基本的には、果物、野菜、新鮮な肉などを買いたいときには市場に行って、それ以外の食べ物や商品を買いたいときはスーパーマーケットに行くの。だから、私が日本にはじめて来たときは、街の中に市場がほとんど無くてとても驚いたのを覚えてるよ！

Mission 8

案内所：Information desk

行き方をたずねよう

難易度 ★★★

動画でチャレンジ

旅行先で遊園地への行き方がわからなくなったあなた。

観光案内所を見つけたので、

そこのスタッフに聞いてみることに。

遊園地への行き方と所要時間をたずねよ。

二次元コードから動画を見て、Bob と会話をしてみましょう。

Bob
Bob
（ボブ）

Track▶15 動画に出てきた重要な表現をおさえ、解答例を確認しましょう。

Hello. Come in. Please! Sit down.
Hi. How may I help you?
いらっしゃいませ。お入りください。どうぞ！　お座りください。
こんにちは。どのようなご用件ですか？

Mission
模範解答

> **Do you know how to get to the amusement park?**
> 遊園地へはどのように行ったらいいですか？

▶ 直訳は「遊園地への行き方を知っていますか?」。how to get to ～ で「～への行き方」。この get は「着く」の意味。

別のたずね方

❶ How can I get to the amusement park?	▶ 遊園地へはどのように行ったらいいですか？
❷ Could you tell me how to get to the amusement park?	▶ 遊園地への行き方を教えていただけますか？

Let's see .... OK! Take the Green Line at ABC Station, and get off at TGG Station. Is that OK?
そうですね…。よし！　ABC 駅でグリーン線に乗って、TGG 駅で降りてください。それで大丈夫ですか？

- ☐ **Let's see.**　「そうですね。」　▶「ええと。」「そうですね。」と、言うことを考えるときなどに使う。Let me see. とも言う。
- ☐ **Take the ～ Line.**　「～線に乗ってください。」　▶ この take は「(乗り物に)乗る」という意味。

Mission 模範解答

How long does it take?

どれくらいかかりますか？

▶ この take は「(時間が)かかる」という意味。所要時間について言う文では主語に it を使う。

別のたずね方

❶ How long will it take?	▶どれくらいかかりますか？
❷ How long does it take to get there?	▶そこへ着くのにどれくらいかかりますか？
❸ Do you know how long it takes?	▶どれくらいかかるかわかりますか？

▶ ❸ know の後の how long it takes という語順に注意。

It'll take about 30 minutes.
This is the map.

30分くらいかかります。
これが地図です。

☐ It'll take ～. 「～(の時間が)かかります。」

Thank you. ありがとうございます。

No problem! Have a safe trip!

どういたしまして！ お気をつけて！

☐ No problem. 「どういたしまして。」 ▶直訳は「問題ありません」。お礼や謝罪に対して言う。

☐ Have a safe trip. 「お気をつけて。」 ▶直訳は「安全なお出かけ[旅]を」。

STEP 3:PRACTICE その他の表現の確認

Track▶16 乗り物を利用するときによく使う表現を確認しましょう。

行き方をたずねる

☐ Can I take a bus to the theater?	劇場へはバスで行けますか？
☐ Which train goes to Swan Station?	スワン駅に行くのはどの電車ですか？
☐ Does this bus go to the airport?	このバスは空港に行きますか？
☐ Which line should I take to Lake Station?	レイク駅へはどの線に乗ればいいですか？
☐ Where do I get off for XYZ Park?	XYZ 公園へ行くにはどこで降りればいいですか？ ▶ get off「降りる」
☐ Where do I change trains?	どこで乗り換えればいいですか？ ▶ change trains「電車を乗り換える」
☐ How many stops are there until King Station?	キング駅まで何駅ですか？ ▶ stop「停車駅、停留所」

バスの停留所についてたずねるときにも使えます。

行き方を説明する

☐ Take the No. 3 bus.	3番のバスに乗ってください。
☐ Crown Station is the fifth stop.	クラウン駅は5つ目です。
☐ Get off at the third stop.	3つ目の駅[停留所]で降りてください。
☐ Change trains at Grand Station to the Blue Line.	グランド駅でブルー線に乗り換えてください。
☐ The bus comes every fifteen minutes.	バスは 15 分ごとに来ます。 ▶ every「～ごとに」

切符を買う

☐ I'd like to go to Boston.	ボストンに行きたいのですが。
☐ A round-trip ticket to Sydney, please.	シドニーまでの往復切符をください。 ▶ round-trip「往復の」
☐ Can I have two adult tickets to York?	ヨークまで大人2枚ください。

「片道の」は one-way。

「往復の大人用切符」は a round-trip adult ticket。

駅・車内で

□ How do I buy a ticket?	切符はどうやって買うのですか？
□ Does this stop at North Station?	これはノース駅に止まりますか？
□ Could you press the button for me?	(私の代わりに)ボタンを押していただけますか？

車内にいる場合、この this は乗っている電車やバスを指します。

バスで降車ボタンを押せないときに使います。

タクシーで

□ Where to? — TGG Hotel, please.	どこまで行かれますか？ — TGG ホテルまでお願いします。
□ I'd like to go here.	ここに行きたいのですが。
□ Can you stop at that traffic light?	あの信号のところで止めてください。 ▶ traffic light「信号」
□ Here's fine.	ここで結構です。
□ Here's 30 dollars. Keep the change.	30 ドルです。おつりは取っておいてください。▶ change「おつり」

行き先を伝えるときは、地図を見せながらこのように言うこともできます。

Column

ワシントンでは「ナショナル・モール」に行ってみよう！

数多いアメリカの観光スポットの中で、ぼくのおすすめはワシントン D.C. にある The National Mall（ナショナル・モール）！ 「モール」というと、ショッピングセンターかと思うよね？　違うんだ。ここは、全長約 4 km の大きな国立公園だよ。ワシントン D.C. のシンボル、ワシントン記念塔や、リンカーン記念堂、スミソニアン博物館、国会議事堂などがあって、それらは入場無料だから気軽に訪れることができるんだ。さらに、春は桜、夏は花火を楽しむこともできるよ！

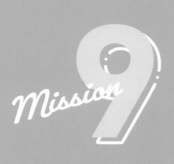

Mission 9

レストラン：Restaurant

夕食を注文しよう

難易度 ★★★

あなたは晩ご飯を食べるため、

現地で人気のレストランへやってきた。

おすすめのスパゲッティとオレンジジュースを

注文せよ。

二次元コードから動画を見て、Sarah と会話をしてみましょう。

Sarah
Sarah
（サラ）

Track▶17 動画に出てきた重要な表現をおさえ、解答例を確認しましょう。

Excuse me. すみません。

May I take your order?
ご注文は何になさいますか？

☐ **May I take your order?** 「ご注文は何になさいますか?」 ▶ 直訳は「注文を取ってもよろしいですか?」。

Mission
模範解答

Can I have spaghetti and an orange juice, please?
スパゲッティとオレンジジュースをください。

▶ Can の代わりに Could を使っても OK。少しかしこまった言い方になる。

別のこたえ方

❶ Spaghetti and an orange juice, please.	▶ スパゲッティとオレンジジュースをください。
❷ I'd like spaghetti and an orange juice.	▶ スパゲッティとオレンジジュースをください。
❸ I'll have spaghetti and an orange juice.	▶ スパゲッティとオレンジジュースをください。

OK. What kind of spaghetti do you want?
かしこまりました。どんなスパゲッティにされますか？

Mission 模範解答

What is your recommendation?

おすすめは何ですか？

▶ recommendation は「推薦、推薦の品」という意味。

別のこたえ方

❶ What do you recommend?	▶ おすすめは何ですか？
❷ What would you suggest?	▶ おすすめは何ですか？
❸ Do you have any recommendations?	▶ 何かおすすめはありますか？

▶ ❶ recommend は「推薦する」、❷ suggest は「提案する」。would を使うとていねいな言い方になる。

Well, I recommend this one.
Spaghetti with tomato sauce is popular.

そうですね、こちらをおすすめします。
トマトソースのスパゲッティが人気なんです。

OK. I'll have that.

いいですね。それをいただきます。

Sure. Just a second, please.

かしこまりました。少々お待ちください。

☐ **Just a second.**　「少々お待ちください。」　▶ Just a moment. や Just a minute. などとも言う。

STEP 3:PRACTICE　その他の表現の確認

Track▶18　飲食店でよく使う表現を確認しましょう。

席を取る・予約する

☐ Hello. How many? — Do you have a table for three?	いらっしゃいませ。何名様ですか？ — 3名用のテーブルはありますか？
☐ I'd like to make a reservation.	予約したいのですが。
☐ What time do you open?	何時から開いていますか？
☐ I have a reservation for 7 o'clock.	7時に予約した者です。

シンプルに Three people. と答えても OK です。

注文する

☐ Can I order, please?	注文いいですか？
☐ What would you like (to order)? — I'll have a steak with salad.	何になさいますか？ — サラダ付きのステーキをください。
☐ (Are you) ready to order? — Can we have a few more minutes?	ご注文はお決まりですか？ — もう少し待ってもらえますか？
☐ What's your specialty?	お店の名物料理は何ですか？ ▶ specialty「名物、特産品」
☐ What's today's special?	今日のおすすめは何ですか？
☐ How big is this dish?	この料理はどれくらいの量ですか？ ▶ dish「(一皿の)料理」
☐ Would you like something to drink? — I'd like a coffee, please.	飲み物はいかがですか？ — コーヒーをお願いします。
☐ How would you like your steak? — Medium, please.	ステーキはどうなさいますか？ — ミディアムでお願いします。
☐ Anything else? — No, that's all.	他にご注文はありますか？ — いいえ、以上です。
☐ Can I have the dessert menu?	デザートメニューをもらえますか？
☐ Can I have another cup of coffee?	コーヒーをもう1杯もらえますか？

the local specialty と言うと、「地元の名物」という意味です。

メニューの料理を指さしながら。How big ～? という大きさをたずねる言い方を使うとよいでしょう。

会計をする

- ☐ **May I have the check, please?**　お会計をお願いします。
  ▶ check「伝票、勘定書」

シンプルに Check, please. と言っても OK です。

- ☐ **Do I pay at the table?**　テーブルで払うのですか？
- ☐ **I'd like to pay by credit card.**　カードで払いたいのですが。

「現金で払う」なら pay in cash と言います。

- ☐ **Can we pay separately?**　別々に払うことはできますか？
  ▶ separately「別々に」

その他

- ☐ **What kind of dish is this?**　これはどんな料理ですか？
- ☐ **Can I have some water?**　お水をもらえますか？
- ☐ **My soup hasn't come yet.**　私のスープがまだ来ないのですが。

My soup still hasn't come. とすると、「まだ」ということを強調して、不満を表す言い方になります。

- ☐ **Can I take this home?**　これを持ち帰りにすることはできますか？
- ☐ **Where's the restroom?**　トイレはどこですか？
  ▶ restroom「（公共の建物の）トイレ、洗面所」

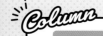

Column

中東での定番食材は「ひよこ豆」！

日本ではあまり見かけないひよこ豆ですが、中東をはじめ、ギリシャ、インドでは料理によく使われます。パレスチナで人気なのは、つぶしたひよこ豆やそら豆に香辛料を混ぜて丸め、食用油で揚げた料理の「ファラフェル」、ゆでたひよこ豆に、にんにく、練りごま、オリーブオイル、レモン汁などを加えてすりつぶし、塩で調味したペースト状の料理の「フムス」です。中東を訪れたときは、ぜひ食べてみてくださいね！

Sarah（サラ）
パレスチナ

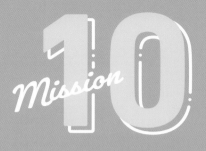

Mission 10

お土産店：Souvenir shop

お土産を買おう

難易度 ★★★

旅行も最終日。帰国するために空港に来たあなた。

空港のお土産屋さんでお土産を買うことにした。

クッキーを買いたいことを伝えて、

その賞味期限をたずねよ。

二次元コードから動画を見て、David と会話をしてみましょう。

David
David
(デイビッド)

Track▶19 動画に出てきた重要な表現をおさえ、解答例を確認しましょう。

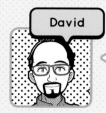

David

Hello. Are you looking for something?
こんにちは。何かお探しですか？

Mission 模範解答

You

> **I'd like some cookies.**
> クッキーがほしいのですが。

別のこたえ方

❶ I want some cookies.	▶クッキーがほしいです。
❷ I want to buy some cookies.	▶クッキーを買いたいのですが。

David

All right.
These TGG cookies are very popular.
わかりました。
このTGGクッキーがとても人気です。

Mission 模範解答

You

> **How long will they keep?**
> どれくらい日もちしますか？

▶How long ～? は期間の長さをたずねるときに使う。この keep は「(食べ物が腐らずに)もつ」という意味。

別のたずね方

❶ How many days will they keep?	▶何日くらいもちますか？
❷ When are they good till?	▶いつまでもちますか？

David

About one month.
1か月ほどです。

You

That's nice.
Then I'll take these.
いいですね。
ではこれをいただきます。

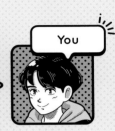

▶ I'll take these[it など]. は「これ[それ]をいただきます。」「これ[それ]をください。」という意味。買い物でよく使う。

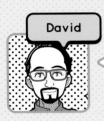

David

Great choice.
いいチョイスですね。

ぼくはクッキーじゃなくてチョコレートがいいな…

「チョコレート」はもちろん chocolate で通じますが、candy（キャンディ）もチョコレートを意味することが多いです。

STEP 3:PRACTICE　その他の表現の確認

Track▶20　買い物でよく使う表現を確認しましょう。

目的を伝える

店員がお客に声をかけるときの定番表現です。

□ **May I help you?** **— Yes. I'm looking for nuts.**	何かお探しですか？ — はい。ナッツを探しているのですが。
□ **Where can I buy a cap?**	帽子はどこで買えますか？
□ **I'm just looking, thank you.**	見ているだけです、ありがとう。

Thank you. / Thanks.とお礼をつけ加えるようにしましょう。

お土産などを買う

□ **What's a popular gift?**	人気のお土産は何ですか？
□ **What's the local specialty?**	ここの名産品は何ですか？ ▶ local「地元の、その土地の」
□ **Could you wrap those separately?**	別々に包んでいただけますか？
□ **Can you gift-wrap it?**	贈り物用に包んでもらえますか？ ▶ gift-wrap「贈り物用に包装する」
□ **Can I have another bag, please?**	袋をもう１つもらえますか？

服などを買う

□ **How about this?** **— I think it's a little too big for me.**	こちらはいかがですか？ — 私には少し大きすぎるようです。
□ **Do you have anything smaller?**	もっと小さいものはありますか？
□ **Do you have this in blue?**	これの青いのはありますか？
□ **Could you show me another?**	別のを見せていただけますか？
□ **Can I try this on?**	これを試着してもいいですか？ ▶ try ～ on「～を試着する」
□ **Where is your fitting room?**	試着室はどこですか？

this in a smaller[bigger] size と言うと「これの小さい[大きい]サイズ」という意味になります。

その他

☐ **Can I take a look at that?**	あれをちょっと見せてもらえますか？
☐ **That's a little expensive.**	ちょっと高いですね。 ▶ expensive「高価な」
☐ **Let me think about it.**	ちょっと考えさせてください。 買う決心がつかないときに使います。売り場を離れるときは Thank you. と言いましょう。
☐ **Cash or credit? — I'll pay by credit card.**	お支払いは現金ですか？　カードですか？ — カードで払います。
☐ **Can I buy these duty-free?**	これらは免税で買えますか？
☐ **Is this on sale?**	これはセールになっていますか？
☐ **I'd like three more of that.**	それをあと３つください。
☐ **Does this watch have a guarantee?**	この時計には保証が付いていますか？ ▶ guarantee「保証」 「保証」は warranty とも言います。
☐ **Can you ship that to Japan?**	それを日本に発送していただくことはできますか？ ▶ ship「発送する、出荷する」

Column

スペインで定番のお土産は“アート”？

スペインの代表的なお土産の１つに「Flamenco Figurines（フラメンコ人形）」があるよ。いろいろな形があって、とても可愛らしいんだ。それから最近は、美術館や博物館でお土産を買う人もとても多いよ。
スペインの芸術はとても面白い。プラド美術館やピカソ美術館など、多くの有名な美術館があるから、きっと君も興味が湧いて、お土産を買いたくなると思うよ。

David（デイビッド）
スペイン

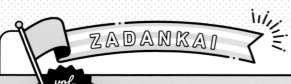

ZADANKAI

vol. 02

世界のあるある座談会

世界各国の観光地

それぞれの国や地域でおすすめの「観光地」について聞いてみました。

Julia

Republic of Poland（ポーランド）

私のおすすめはバルト海！　北ヨーロッパにある内海（陸に囲まれた海）で、夏になると、カイトサーフィンなどいろいろなアクティビティが楽しめるよ。

Paul

French Republic（フランス）

フランスはやっぱりエッフェル塔がおすすめかな。鉄骨のみで作られた高さ約 330 メートルの塔で、展望台からはパリの街並みを一望することができるんだ。本当にきれいだよ。

Sarah

Palestine（パレスチナ）

私はアル＝アクサー・モスクをおすすめします。イスラム教徒にとって大切な礼拝堂のひとつで、お祈りはもちろん、勉強したり、くつろいだり、お祭りをしたりもできます。

Ali

Federal Republic of Nigeria（ナイジェリア）

ナイジェリアのラゴス州というところにある、レッキリゾートがぼくのおすすめだよ。安全で、ご飯もおいしくて、スポーツ観戦も楽しめる、最高のリゾート地なんだ。

How are you?
I'm glad to see you!

Chapter 3

日常の英会話

この章では、道案内、買い物、病院など、日常生活でよくあるシチュエーションでの英会話にチャレンジしましょう。留学や転勤などで海外に住むことになったけれど、まだまだ英会話は勉強中。早くいろいろな場面に対応できるようになりたい。そんなあなたのためのミッションです。

Mission 11

街：Town

道案内をしよう

難易度 ★★★

海外のある都市に住み始めたあなた。

近所を歩いていると、道に迷っている様子の

男性が声をかけてきた。

男性に博物館への行き方を伝えよ。

二次元コードから動画を見て、Bob と会話をしてみましょう。

Bob
CAFE
動画でチャレンジ
Bob
（ボブ）

Track▶21 動画に出てきた重要な表現をおさえ、解答例を確認しましょう。

Excuse me.
Could you tell me how to get to the museum?

すみません。
博物館への行き方を教えていただけますか？

☐ **Could you tell me how to get to 〜?** 「〜への行き方を教えていただけますか？」

Mission

模範解答

Go down TGG Street and turn right at the post office. You'll see it on your left.

TGG 通りを進んで、郵便局を右に曲がると、左側に見えます。

▶ go down 〜は「〜に沿って行く」、turn right [left] は「右 [左] に曲がる」という意味。

別のこたえ方

❶ Go along TGG Street.	▶ TGG 通りに沿って進んでください。
❷ You'll find it on your left.	▶ それは左側に見つかります。

OK. Thank you!
How far from here?

わかりました。ありがとうございます！
ここからどれくらいの距離ですか？

☐ **How far 〜?** 「どれくらいの距離ですか？」 ▶ 上の文では How far is it from here? の is it が省略されている。

Mission
模範解答

It’s about a ten-minute walk.
歩いて 10 分くらいです。

You

▶ この walk は名詞で、「歩行、歩行距離」という意味。

別のこたえ方

❶ About ten minutes on foot.	▶ 歩いて 10 分くらいです。
❷ It’s about ten minutes’ walk.	▶ 歩いて 10 分くらいです。

▶ ❶ on foot は「徒歩で」。

Bob

OK. That helps a lot!
Have a nice day!
わかりました。とても助かりました！
よい 1 日を！

☐ **That helps a lot!**　「とても助かりました！」　▶ a lot は「とても、大いに」。

博物館ってあっちだよね？
行こ行こ～

博物館は museum。ちなみに、
歴史博物館は history museum、
美術館は art museum と言います。

STEP 3:PRACTICE その他の表現の確認

Track▶22 道案内でよく使う表現を確認しましょう。

道をたずねる

☐ Where is the nearest station?	最寄りの駅はどこにありますか？ ▶ nearest「最も近い」 near の最上級。
☐ Is there a post office around here?	この辺りに郵便局はありますか？
☐ I'm looking for City Hall.	市役所を探しているのですが。
☐ Could you tell me the way to the zoo?	動物園へ行く道を教えていただけますか？ ▶ the way to ～「～へ行く道」
☐ Do you know which way the museum is?	博物館はどちらの方向かわかりますか？
☐ Is TGG Hotel near here?	TGG ホテルはこの近くですか？
☐ Where are we on this map?	今この地図のどこにいますか？

地図を見せながらたずねるときに使います。

距離をたずねる

☐ Is the stadium far from here?	スタジアムはここから遠いですか？
☐ Can I walk there?	そこへは歩いて行けますか？
☐ How long does it take to the park?	公園までどのくらい(時間が)かかりますか？

there は「そこへ」の意味を表すので、前に to は不要です。

道を説明する

☐ Go straight three blocks.	まっすぐ３ブロック進んでください。
☐ Turn left at the second corner and keep going.	２つ目の角で左に曲がって、そのまま進んでください。
☐ It's next to a bank.	それは銀行の隣にあります。
☐ It's a little far to walk.	歩いて行くには少し遠いです。
☐ I suggest you take a taxi.	タクシーに乗るといいですよ。

直訳は「あなたがタクシーに乗ることを提案します」。I suggest ～. は控えめに提案するときに使います。

待ち合わせで

- ☐ **Hello, Bob? Where are you now?**
  — Sorry, I think I'm lost.
  もしもしボブ？　今どこにいますか？
  — すみません、道に迷ったようです。
  ▶ be lost「道に迷っている」
- ☐ **What do you see around you?**
  周りに何が見えますか？
- ☐ **Do you see a blue building?**
  青い建物が見えますか？
- ☐ **Go down the street with it on your left.**
  それを左手に見て、道を進んでください。

その他

- ☐ **Sorry, I'm not sure.**
  すみません、わかりません。
- ☐ **Sorry, I'm a stranger here.**
  すみません、この辺りはよく知りません。
  ▶ stranger「（ある場所に）不案内な人」
- ☐ **Shall I take you there?**
  そこまでお連れしましょうか？
- ☐ **If you like, I'll show you the way.**
  よろしければご案内します。
- ☐ **Follow me, please.**
  ついて来てください。

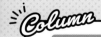

Column

広大なアメリカでは車も道も広々！

アメリカは、面積が日本のおよそ 25 倍もあるとっても大きな国。走っている車も日本の車よりサイズが大きいことがほとんどなんだ。そして、車が大きい分、道幅も広くなっている。だから、ぼくが日本にはじめて来たとき、道幅がすごく狭くて驚いたよ！

特にアメリカの郊外に住んでいる人の多くは、一度にとても長い距離を運転するので、車に「快適さ」や「丈夫さ」を求める。だから大きい車が人気なんだ！

Mission 12

ファストフード店：
Fast-food restaurant

ハンバーガーを注文しよう

難易度 ★★★

近所のハンバーガー店にやってきたあなた。

お昼ご飯にハンバーガーセットを持ち帰ることにした。

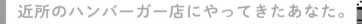

チーズバーガーと、オレンジジュースのMサイズを注文せよ。

二次元コードから動画を見て、Tianna と会話をしてみましょう。

Tianna
動画でチャレンジ
Tianna
（ティアナ）

Track▶23 動画に出てきた重要な表現をおさえ、解答例を確認しましょう。

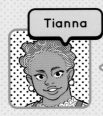

Tianna

Hello. Welcome to TGG Burger.
What would you like?

こんにちは。TGG バーガーへようこそ。
何になさいますか？

Mission 模範解答

You

Can I have one cheeseburger and one orange juice?

チーズバーガーと
オレンジジュースをください。

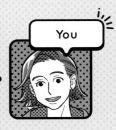

別のこたえ方

❶ A cheeseburger and an orange juice, please.	▶ チーズバーガーとオレンジジュースをください。
❷ I'd like a cheeseburger and an orange juice, please.	▶ チーズバーガーとオレンジジュースをください。
❸ I'll take one cheeseburger and one orange juice.	▶ チーズバーガーとオレンジジュースをください。

Tianna

OK. Which size would you like?

わかりました。(ジュースは)どのサイズにされますか？

☐ **Which size would you like?** 「どのサイズにしますか？」 ▶ What size ～? と言うこともある。

Mission 模範解答

I'll have a medium.

Mサイズをください。

▶ S サイズは small、L サイズは large で表し、「S、M、L」とは言わない。「S サイズのコーラ」は a small coke。

別のこたえ方

❶ Medium, please.	▶ Mサイズをください。
❷ I'd like a medium, please.	▶ Mサイズをください。

Sure. For here or to go?

かしこまりました。こちらで召し上がりますか？ それともお持ち帰りですか？

☐ For here or to go? 「こちらで召し上がりますか？ それともお持ち帰りですか？」

Mission 模範解答

To go, please.

持ち帰りでお願いします。

OK. Please wait a little bit.

わかりました。少々お待ちください。

Thank you. ありがとうございます。

STEP 3:PRACTICE その他の表現の確認

Track▶24 ファストフード店やカフェでよく使う表現を確認しましょう。

注文する

□ What can I get for you today? — I'll have a double burger.	今日(のご注文)は何になさいますか？ — ダブルバーガーをください。
□ Just a burger? Or a combo? — Combo, please.	バーガーのみですか？ セットにしますか？ — セットをお願いします。
□ Would you like to make that a combo? — Yes. With a small fries, please.	セットにしますか？ — はい。Sサイズのポテトをつけてください。
□ Would you like salad with that? — No, thank you.	ご一緒にサラダはいかがですか？ — 結構です、ありがとう。
□ What would you like to drink? — A medium coffee, please.	飲み物は何になさいますか？ — Mサイズのコーヒーをください。

好みを伝える

□ No pickles, please.	ピクルスは抜いてください。
□ Can you heat it up?	温めてもらえますか？ カフェでマフィンなどを温めてほしいときに使います。
□ What kind of bread would you like? — Rye bread, please.	何のパンになさいますか？ — ライ麦パンをお願いします。 サンドイッチを注文すると、パンの種類を聞かれることがあります。
□ Extra mayo, please.	マヨネーズを多めでお願いします。 ▶ extra「追加の」
□ What would you like on it? — Everything, please.	何をのせ[入れ]ますか？ — 全部お願いします。 サンドイッチなどの具材やトッピングについて聞かれるときの言い方です。
□ Everything but olives, please.	オリーブ以外全部お願いします。
□ Would you like it toasted? — Yes, please.	(パンを)焼きますか？ — はい、お願いします。
□ Cream and sugar? — No, I'll take it black.	クリームと砂糖を入れますか？ — いいえ、ブラックでください。
□ Can you add whipped cream?	ホイップクリームを追加してもらえますか？ ▶ add「追加する」
□ Can I get less milk?	ミルクを少なめにしてもらえますか？

店内で食べる

□ Please take this number and wait at your table.	この番号札を持って、テーブルでお待ちください。
□ Where do I put my tray? — Just leave it at your table.	トレーはどこに置きますか？ — テーブルに置いておいてください。
□ Can I charge my mobile phone here? — Yes. The outlet is over there.	ここで携帯の充電はできますか？ — はい。コンセントはそちらです。 ▶outlet「コンセント」

食後にたずねる言い方です。食前なら when I'm finished（食べ終えたら）を加えるといいでしょう。

その他

□ What is your name? — It's Emi. E-M-I.	お名前は何ですか？ — エミです。E−M−I です。
□ What kind of sauce would you like? — What do you recommend?	どのソースになさいますか？ — 何がおすすめですか？
□ Can you put the coffee in my tumbler?	私のタンブラーにコーヒーを入れてもらえますか？
□ I think you forgot the apple pie.	（注文した）アップルパイがないようです。
□ This is not what I ordered.	これは私が注文したものではありません。
□ Are you in line?	（列に）並んでいますか？

商品の受け渡しのために、注文後に名前を聞かれることがあります。つづりも伝えるといいでしょう。

Column

ジャマイカの“サクッ”と食べられる定番フード

ジャマイカではジャークチキンなどの、「辛い料理」と「鶏肉料理」がとっても人気だよ。
それから、ファストフードと言えるかはわからないけれど、ジャマイカのどこにでも売っていて、比較的安く手に入る食べ物として、patty（パティ）というものがあるよ。サクサクのパイ生地の中に、牛肉、チーズ、エビ、ロブスター、野菜などの具材がぎっしり入っているよ。とてもおいしいからぜひ食べてみてね。

Tianna（ティアナ）
ジャマイカ

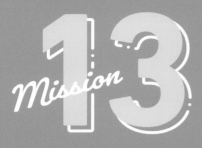

Mission 13

英会話学校：English class

先生に質問しよう

難易度 ★★★

あなたは海外に住みながら、

英会話学校に通っている。

この日の授業のテーマは環境だ。

単語の意味とその例文を先生にたずねよ。

二次元コードから動画を見て、Robert と会話をしてみましょう。

Robert
Robert
(ロバート)

STEP 2：REVIEW 会話の確認

Track▶25 動画に出てきた重要な表現をおさえ、解答例を確認しましょう。

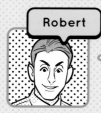

Robert

OK, do you have any questions?
では、何か質問はありますか？

You

May I ask one?
1つ聞いてもいいですか？

Robert

OK. Yes, please.
はい。ええ、どうぞ。

Mission
模範解答

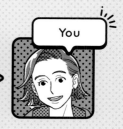

You

What does "pollution" mean?
pollution の意味は何ですか？

▶ 直訳すると「pollution は何を意味しますか?」。mean は「〜を意味する」という意味。

別のたずね方

❶ What's the meaning of "pollution"?	▶ pollution の意味は何ですか？
❷ Could you tell me what "pollution" means?	▶ pollution が何を意味するかを教えていただけますか？

Let's see .... It means "making the air or water dirty." **Does that make sense?**

そうですね…。「空気や水を汚すこと」という意味です。わかりますか？

☐ **Does that make sense?**　「わかりますか？」

▶ 自分の発言を理解したかを聞く表現。make sense は「(文などが) 意味をなす、理解できる」。

Mission
模範解答

Could you give me an example sentence?

例文を教えてもらえませんか？

▶「例文を教える」は「例文を挙げる」と考える。〈give（人）an example（～）〉で「(～の) 例を (人) に挙げる」。

別のたずね方

❶ Will you please give me an example sentence?　▶ 例文を挙げてもらえますか？

▶ Will you ～? は Could you ～? よりもくだけた言い方。

OK. Well ..., "Air pollution is a problem in big cities because a lot of people use cars." Do you understand?

わかりました。ええと…、「多くの人が自動車を利用するので、大都市では大気汚染が問題となっている」。わかりますか？

Yes. Thank you.

はい。ありがとうございます。

STEP 3:PRACTICE その他の表現の確認

Track▶26 英会話学校でよく使う表現を確認しましょう。

質問をするとき

□ May I ask you a question?	質問してもいいですか？
□ How do you spell that?	それはどうつづりますか？ ▶ spell「つづる」
□ How do you pronounce this word?	この単語はどう発音しますか？
□ What do you call this in English?	これは英語で何と言い[呼び]ますか？
□ What do you mean?	どういう意味[こと]ですか？ ▶ mean「～のつもりで言う、～を意味する」
□ Do you mean my answer is OK?	私の答えは大丈夫ということですか？
□ Could you check my essay?	私の文章をチェックしていただけますか？ ▶ essay「作文、小論文」

相手の発言の意味・意図をたずねるときの表現です。

聞き取れなかったとき

□ Could you say that again?	もう一度言っていただけますか？
□ Could you speak more slowly?	もう少しゆっくり話していただけますか？
□ Sorry, I didn't get what you just said.	すみません、今おっしゃったことが理解できませんでした。 ▶ get「わかる、理解する」

わからないとき

□ I have no idea.	(さっぱり)わかりません。
□ Could you give me a hint?	ヒントをいただけますか？
□ I don't know how to say it in English.	英語でどう言うかわかりません。
□ It's too difficult for me.	それは私には難しすぎます。

質問や問題への答えがわからないときに言います。

クラスメートに話すとき

- ☐ **May I sit here?** ここに座ってもいいですか？
  隣の席に座ろうとするときに言います。
- ☐ **Can I borrow your pen?** あなたのペンを借りてもいいですか？
- ☐ **Can you show me your textbook?** 教科書を見せてくれますか？
- ☐ **It's your turn.** あなたの番です。
  ペアやグループで活動するときなどに使います。

その他

- ☐ **I'd like to change my course.** コースを変更したいのですが。
- ☐ **I'm sorry I'm late.** 遅刻してすみません。
- ☐ **When is this due?** これはいつまでですか？
  ▶ due「提出期限のきた」
  宿題・課題などの提出期限をたずねるときの表現です。due の発音は[djuː デュー]。
- ☐ **I won't be able to come to class next week.** 来週は授業に来られません。

Column

アメリカの学校には掃除の時間がない！

アメリカの学校には、基本的に専門の清掃員がいます。日本の小中学校では「掃除の時間」が設けられているようですが、アメリカやヨーロッパの国々では一般的に「学校は労働ではなく勉強をするところ」と考えられています。そのため、掃除は専門の清掃員が行います。また、生徒たちが自ら掃除をしてしまうと、掃除の仕事をしている人たちの仕事を奪ってしまうという考え方もあるんですよ。

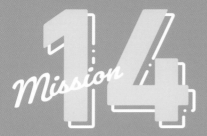

Mission 14

オフィス：Office

電話をかけよう

難易度 ★★★

海外に住みながら、XYZ Enterprise という
会社で働いているあなた。
取引先に電話をすることになった。

TGG Airline の Ms. Williams に
電話をかけよ。

二次元コードから動画を見て、Julia と会話をしてみましょう。

Julia
動画でチャレンジ
Julia
（ジュリア）

Track▶27 動画に出てきた重要な表現をおさえ、解答例を確認しましょう。

Hello. Thank you for calling TGG Airline.
こんにちは。TGG 航空へお電話ありがとうございます。

- [ ] **Thank you for ～ing ....** 「～してくれてありがとうございます。」 ▶ for の後には your help（あなたの助力）など、名詞がくることもある。

Hello. This is (Name) from XYZ Enterprise.
こんにちは。XYZ 社の〇〇です。

▶ 電話で名乗るときは、This is ～.（こちらは～です。）と言います。

OK. How may I help you?
はい。どのようなご用件でしょうか？

Mission 模範解答

May I speak to Ms. Williams?
ウィリアムズさんをお願いしたいのですが。

▶ to の代わりに with を使うこともある。

別のこたえ方

❶ Is Ms. Williams there, please?	▶ ウィリアムズさんはいらっしゃいますか？
❷ Could I speak to Ms. Williams?	▶ ウィリアムズさんをお願いできますか？
❸ I'd like to speak with Ms. Williams.	▶ ウィリアムズさんをお願いしたいのですが。

Julia

I'm sorry. She is in a meeting.
May I take a message?
申し訳ありません。会議に出ております。
ご伝言を承りましょうか？

☐ **May I take a message?** 「伝言を承りましょうか？」 ▶電話で使われる決まった表現。

Mission

模範解答

Well ....
> Could you ask her to call me back?
そうですね…。
折り返しのお電話をお願いしてもいいですか？

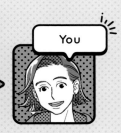

You

▶直訳は「折り返し私に電話をくれるように彼女に頼んでいただけますか?」。

別のこたえ方

❶ Could you tell her to return my call? ▶折り返しお電話をくださるよう伝えていただけますか？

❷ Would you mind asking her to call me back? ▶折り返しお電話をくださるようお伝えいただけませんか？

▶❶ return my call はフォーマルな表現。❷ Would you mind ～ing ...? はていねいに頼む言い方。

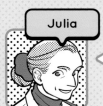

Julia

Sure. I'll give her the message.
かしこまりました。彼女にそのように伝えます。

You

OK, thanks. はい、ありがとうございます。

STEP 3:PRACTICE その他の表現の確認

Track▶28 電話でよく使う表現を確認しましょう。

電話をかける

□ Hello. Is this Mr. Brown?	もしもし。ブラウンさんでしょうか？
□ Is Paul in?	ポールはいますか？
□ I'm calling to discuss our new project.	私たちの新しいプロジェクトについて協議するためにお電話しました。
□ Could I talk to you for a moment?	今、少しお話しできるでしょうか？

最後を Mr. Brown's とすると、「ブラウンさんのお宅ですか。」という意味になります。

電話に出る

□ This is Mori speaking.	森が承ります。
□ May I speak to Julia? — Speaking.	ジュリアをお願いできますか？ — 私です。
□ May I have your name, please?	お名前を伺えますか？
□ May I ask who is calling?	どちら様ですか？
□ Hold on, please.	そのままお待ちください。
□ I'll put you through to Ms. Smith.	スミスさんにおつなぎします。
□ I'm sorry. She is on another line.	すみません。彼女は別の電話に出ています。
□ He's out right now.	彼はただ今、外出しています。
□ I'm afraid she is not available at the moment.	恐れ入りますが、彼女はただ今、電話に出られません。 ▶I'm afraid ～「恐れ入りますが～」
□ I'm sorry, but you have the wrong number.	すみませんが、番号をお間違えです。

May I speak to Ms. Mori?(森さんをお願いします。)に、「私が森です。」と答えるときにも使います。

Just a moment, please.(少々お待ちください。)などでもOKです。

He's not in right now. などとも言います。

伝言を残す・受ける

□ **May I leave a message?**	伝言をお願いできますか？
□ **Could you tell her I called?**	電話があったことを伝えていただけますか？
□ **Would you like to leave a message?**	ご伝言を承りましょうか？
□ **May I have your phone number?**	お電話番号を伺えますか？
□ **Could you call me back when you have time?**	時間があるときに折り返し電話をもらえますか？

直訳すると「伝言を残したいですか?」。

留守番電話にメッセージを残すときに使います。

その他

□ **I'll call back later.**	のちほどかけ直します。
□ **Do you know what time he will be back?**	彼が何時にお戻りかわかりますか？
□ **I'm sorry. I can't hear you very well.**	すみません。よく聞こえません。
□ **Could you speak a little louder, please?**	もう少し大きな声で話していただけますか？

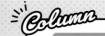

Column

ポーランドの会社は休憩時間がとても自由!?

ポーランドのほとんどの会社（職場）では、休憩時間が決まっていないの。従業員は自由に休憩をとることができて、その休憩時間も勤務時間に含まれることが多いよ。さらに、結婚などのおめでたい報告があると、勤務時間であっても盛大にお祝いすることもあるんだよ。お昼休憩に豪華なレストランに行くこともよくあるの。それに、よほどのことがなければ残業はしないから、それぞれ16時くらいから帰宅し始めて、18時にはオフィスは空っぽになっているよ。ポーランドはとても働きやすい国だと思うな。

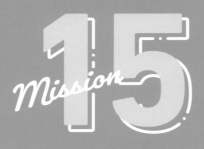

Mission 15

家：House

友人をもてなそう

難易度 ★★★

あなたは休日に友人の Sophia を家に招いた。

ちょうど今、Sophia が無事に到着した。

Sophia をおもてなしせよ。

二次元コードから動画を見て、Sophia と会話をしてみましょう。

Sophia
動画でチャレンジ
Sophia
（ソフィア）

Track▶29 動画に出てきた重要な表現をおさえ、解答例を確認しましょう。

Hi! Thank you for inviting me today!
Here, I brought some cakes.
こんにちは！ 今日はお招きありがとう！
はい、ケーキを持ってきたよ。

☐ **Here, 〜.** 「はい、〜。」

▶「はい、さあ、ほら」などと、目の前のことに相手の注意を引くときに言う。

Wow! Thank you so much!
Please come in.
わあ！ どうもありがとう！ どうぞ入って。

Thanks.
It's so hot today. I'm thirsty.
ありがとう。
今日はとても暑いね。のどがかわいたな。

Mission 模範解答

Do you want something to drink?
何か飲む？

▶ 直訳は「何か飲み物がほしい?」。something to drink で「何か飲むための物=(何か)飲み物」。

別のたずね方

❶ Do you want a drink?	▶飲み物がほしいですか？
❷ Would you like something to drink?	▶何か飲みますか？
❸ Can I get you a drink?	▶飲み物を持ってきましょうか？

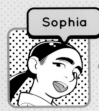

Sophia

Oh, thanks! I'd love some iced coffee.
Can I help you with anything?
ああ、ありがとう！　アイスコーヒーがほしいな。
何か手伝おうか？

- □ I'd love ～.　「(できれば)～がほしいです。」 ▶ I'd like ～. と同じような意味。
- □ Can I ～?　「～しましょうか？」 ▶ 手伝いなどを申し出るときの言い方。

Mission

模範解答

You

That's fine.
Make yourself at home.

大丈夫。
くつろいでね。

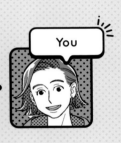

▶ 家に来たお客さんに言う決まり文句。直訳すると「あなた自身を家にいる状態にしてください」。

別の言い方

❶ Just relax, please.	▶ リラックスしてください。
❷ Make yourself comfortable.	▶ くつろいでください。

▶ ❷ comfortable は「(人が) くつろいだ、気楽である」という意味。

Sophia

Thank you! I love your house.
ありがとう！　いい家だね。

- □ I love your ～.　「いい～ですね。」 ▶ 相手の持ち物などをほめるときに使える表現。I like your ～. とも言う。

STEP 3:PRACTICE その他の表現の確認

Track▶30 家に招待したり、招待されたりしたときによく使う表現を確認しましょう。

招き入れる

- □ I'm glad you came. 来てくれてうれしいです。
- □ This is a little something for you. — Oh, you didn't have to. Thanks. これはちょっとしたお土産です。— そんな、いいのに。ありがとう。

「つまらないものですが。」と言いたいときにも使えます。

- □ Could you take off your shoes here? ここで靴を脱いでもらえますか？
  ▶ take off「(服・靴などを)脱ぐ」
- □ Sorry, it's a mess. 散らかっててすみません。
  ▶ mess「散らかった状態」
- □ Please have a seat. どうぞ座ってください。

家・部屋に入る

- □ This is a cozy room. 落ち着く部屋ですね。
  ▶ cozy「居心地のよい」
- □ It has a great view. 景色がすばらしいですね。
  ▶ view「景色」
- □ Is there anything I can do? 何か私にできることはありますか？

食事の準備の手伝いなどを申し出るときに言います。

- □ Can I use the bathroom? お手洗いを貸してもらえますか？
  ▶ bathroom「浴室、(個人宅の)トイレ」

食事を出す

- □ Here you go. はい、どうぞ。

料理を手渡すときなど。Here you are. とも言います。

- □ I hope you like it. お口に合うといいのですが。
- □ Help yourself to the food. 料理を自由に取ってください。

Help yourself.（自由に食べてください。）は決まり文句。飲み物にも使えます。

- □ It's called *nikujaga*. これは“肉じゃが”と言います。
- □ Do you want another glass? もう１杯どうですか？
- □ There's more. もっとありますよ。

食事をいただく

□ **Wow, did you make this?**	すごい、あなたがこれを作ったんですか？
□ **Everything looks delicious.**	どれもおいしそうですね。 ▶ delicious「とてもおいしい」 very はつけない。
□ **You're a great cook.**	あなたは料理がとても上手ですね。
□ **Can you pass the salt?**	塩を取ってもらえますか？
□ **Do you want some more?** **— Thanks, but I'm really full.**	もう少しどうですか？ — ありがとう、でも本当におなかがいっぱいです。

帰る・見送る

□ **I should get going now.**	そろそろ失礼しなくては。
□ **Thank you. I had a good time.** **— Thank you for coming.**	ありがとう。楽しかったです。 — 来てくれてありがとう。
□ **Thank you for having me today.**	今日はお招きありがとう。

帰り支度をするときの決まり文句です。

Column

フィリピンの住宅・バハイクボは、文化の象徴！

フィリピンには、あたたかい性格の人がとても多いよ。家にお客さんが来るときは、伝統料理などを作って、たくさんのごちそうを用意するの。また、フィリピンでは昔から Bahay Kubo（バハイクボ）という高床式の住宅が有名で、今ではフィリピンの文化の象徴とされているよ。でも最近では、ほとんどの人がシンプルな造りの、平屋の家に住んでいるみたい。

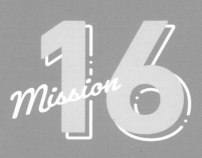

Mission 16

薬局：Pharmacy

薬を買おう

難易度 ★★★

昨晩、薄着で寝たせいか、風邪気味のあなた。

薬局にやってきた。

風邪薬を購入せよ。

二次元コードから動画を見て、Ali と会話をしてみましょう。

SUPPLEMENTS
Ali
Ali
（アリ）

STEP 2:REVIEW 会話の確認

Track▶31 動画に出てきた重要な表現をおさえ、解答例を確認しましょう。

Hi.
May I help you?
こんにちは。
何かお探しですか？

模範解答

I'm looking for some medicine for my cold.
風邪薬を探しています。

別のこたえ方

❶ I want some cold medicine.	▶ 風邪薬がほしいのですが。
❷ Do you have medicine for a cold?	▶ 風邪薬はありますか？

▶「探している」を直訳しなくても、❶❷のように言いかえて何がほしいかを伝えればOK。

Well .... This one is strong, and this one is mild. Which one do you want?
そうですね…。こちらは強いもので、こちらは軽めのものです。どちらがよろしいですか？

I'll take the mild one.
軽めのほうをください。

▶ I'll take ～.（～をください。／～にします。）は、買う物を決めたときに使う。

Ali

OK.
わかりました。

Mission
模範解答

How much is it?
いくらですか？

You

別のたずね方

❶ How much? ▶いくらですか？

Ali

It's 10 dollars.
10 ドルです。

Here you are. はい、どうぞ。

You

STEP 3:PRACTICE その他の表現の確認

♫ Track▶32 薬局でよく使う表現を確認しましょう。

薬を探す・求める

☐ I'd like to get some medicine for my stomachache.	腹痛の薬がほしいのですが。 ▶ stomachache「腹痛」
☐ Do you have any other symptoms? — Yes. I have a fever, too.	何か他の症状はありますか？ — はい。熱もあります。 ▶ symptom「症状」 fever「熱、発熱」
☐ Are you taking any medication right now?	今、何か薬を服用していますか？ ▶ medication「薬剤」
☐ I want something not too strong.	あまり強くないものがいいです。
☐ Which one do you recommend?	どれがおすすめですか？
☐ Do you have any drug allergies? — I'm allergic to penicillin.	何か薬剤アレルギーはありますか？ — ペニシリンのアレルギーがあります。
☐ You need a prescription to get that medicine.	その薬を買うには処方せんが必要です。 ▶ prescription「処方せん」
☐ I have a prescription from my doctor.	医師からの処方せんを持っています。

店員さんからの質問です。

薬についてたずねる

☐ What's the difference between this and this?	これとこれの違いは何ですか？
☐ How should I take this?	これはどのように服用しますか？
☐ Does it work quickly?	すぐ効きますか？ ▶ work「(薬などが)効く、作用する」
☐ Is it safe to take it with painkillers?	鎮痛剤と併用しても大丈夫ですか？
☐ Does it contain aspirin?	アスピリンが含まれていますか？ ▶ contain「含む」
☐ Are there any side effects?	何か副作用はありますか？ ▶ side effect「副作用」
☐ How many times a day should I take it?	1日に何回飲めばいいですか？

「(薬を)飲む、服用する」はtakeを使います。

薬の説明を受ける

□ You should take it three times a day after meals.	１日３回、食後に服用してください。
□ Take one tablet at a time.	１回に１錠飲んでください。 ▶ tablet「錠剤」
□ Please take it every eight hours.	８時間ごとに服用してください。
□ This will ease your pain.	これは痛みをやわらげます。 ▶ ease「やわらげる」 pain「痛み」
□ It may make you sleepy.	眠くなることがあります。
□ Please do not drive after taking it.	服用後は運転しないでください。
□ Don't take it on an empty stomach.	空腹時には服用しないでください。 ▶ empty「空腹の、からの」 stomach「胃」

meals の代わりに eating と言うこともあります。
食前：before meals
食間：between meals

カプセル：capsule
粉薬の1包：packet, pack

sleepy の代わりに drowsy と言うこともあります。

飲み薬以外

□ I'm looking for eye drops. My eyes are itching.	目薬を探しています。目がかゆいんです。 ▶ eye drops「目薬」 itch「かゆい」
□ Which cream is for insect bites?	どのクリーム［塗り薬］が虫刺され用ですか？
□ Is this ointment mild? I have sensitive skin.	この塗り薬は軽めですか？敏感肌なのですが。▶ ointment「塗り薬」

Column

ナイジェリアでは慎重に薬局を選ぼう！

ナイジェリアにはもちろん、信頼できる薬局があります。でも、すべてがよい薬局というわけではありません。一部の「悪い薬局」は薬を売る免許を持っていないのに薬を販売していたり、最悪の場合、偽物の薬を売っていたりすることがあります。

ナイジェリアでは薬局を訪れる前や、薬を購入する前に、正しい薬が売られているかどうかを必ず確認しなければならないのです。

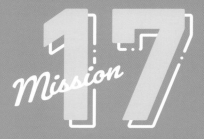

Mission 17

病院：Hospital

症状を伝えよう

難易度 ★★★

動画でチャレンジ

風邪が悪化したのか、あなたは３日前から
頭痛が続いている。
家の近所の病院で診てもらうことにした。

医師に頭痛の症状を伝えよ。

二次元コードから動画を見て、David と会話をしてみましょう。

David
David
（デイビッド）

STEP 2:REVIEW 会話の確認

Track▶33 動画に出てきた重要な表現をおさえ、解答例を確認しましょう。

Oh, hello. Please come in.
It's so hot today, right?
So what brings you here today?
ああ、こんにちは。お入りください。
今日はとても暑いですね。
それで今日はどうしましたか？

- □ **〜, right?** 「〜ですね？」 ▶同意を求めたり、確認したりするときに言う。
- □ **What brings you here today?** 「今日はどうしましたか？」 ▶「今日はなぜここに来たのか?」と来た目的をたずねる表現。病院では左のような意味になる。

Mission

模範解答

> **I have a headache.**
> 頭痛がします。

別のこたえ方

❶ My head hurts. ▶頭が痛いです。
▶hurt は「(体の部分が)痛む」という意味。

Oh, well, when did it start?
おや、それで、いつからですか？

- □ **When did it start?** 「それはいつからですか？」 ▶「いつ始まりましたか?」と表す。How long 〜? を使って継続期間をたずねることもある。

Mission

模範解答

Three days ago.

3日前からです。

別のこたえ方

❶ It started three days ago. ▶ 3日前に始まりました。

Wow, I'm so sorry to hear that.
I'll give you some medicine. Take care.

ああ、それはお気の毒に。
薬を出します。お大事に。

- [ ] I'm (so) sorry to hear that.　「それはお気の毒です。」　▶病気や事故などのよくない知らせを聞いたときに言う、決まった言い方。
- [ ] Take care.　「お大事に。」　▶「気をつけて、元気で」などの意味。別れの場面で「さようなら」の代わりにも使われる。

Thank you. ありがとうございました。

STEP 3: PRACTICE その他の表現の確認

Track▶34 病院でよく使う表現を確認しましょう。

予約する・受付する

□ I'd like to make an appointment.	予約をしたいのですが。 ▶ appointment「(面会の)約束、予約」
□ Could I see a doctor today?	今日、先生に診ていただけますか？ ▶ see a doctor「医師に診てもらう」
□ Do I need to bring anything with me?	何か持っていく必要がありますか？
□ Hello. I have an appointment for 2:00.	こんにちは。２時に予約した者です。
□ Is this your first visit?	初診ですか？
□ Do you have health insurance?	健康保険には入っていますか？ ▶ health insurance「健康保険」

「明日の予約」と言いたいときは、文の最後に for tomorrow を続けましょう。

直訳すると「これがあなたの初めての訪問ですか」。

症状を伝える

□ What can I do for you today? — I have a bad headache.	今日はどうされましたか？ — ひどい頭痛がします。
□ What are your symptoms? — My back hurts.	どのような症状ですか？ — 背中が痛みます。
□ What's the problem? — I've had a fever for three days.	どうされましたか？ — 熱が３日間、続いています。
□ I feel sick.	気分が悪いです。
□ I can't stop coughing.	せきが止まりません。 ▶ cough「せきをする」
□ I threw up.	嘔吐(おうと)しました。
□ I've lost my appetite.	食欲がありません。 ▶ appetite「食欲」
□ I sprained my left ankle.	左の足首をねんざしました。 ▶ sprain「くじく、ねんざする」
□ How long have you been having them? — Since last night.	どのくらい症状が続いていますか？ — 昨夜からです。

電話で予約するときに聞かれることもあります。

めまいがする：feel dizzy
寒気がする：feel chilly
だるい：feel sluggish

cough の発音［kɔ(:)f コ(ー)フ］に注意しましょう。

症状以外のことを伝える

- [ ] **I took cold medicine last night.**　昨夜、風邪薬を飲みました。
- [ ] **Do you have any allergies?**
— I'm allergic to eggs.
何かアレルギーはありますか？
— 卵アレルギーです。
- [ ] **Have you ever had surgery?**
— Yes, surgery on my knee. Two years ago.
手術を受けたことはありますか？
— はい、ひざの手術を。２年前です。
- [ ] **Do you take any medicine?**
— Yes. I take medicine for hay fever.
何か薬を服用していますか？
— はい。花粉症の薬を飲んでいます。
- [ ] **Do you have any chronic illness?**
— I have asthma.
何か持病はありますか？
— ぜんそくがあります。
▶ chronic「慢性の」 illness「病気」

質問する

- [ ] **What's the name of my illness?**　病名は何ですか？
- [ ] **Is it all right to eat something?**　何か食べてもいいですか？
- [ ] **Can I continue my trip?**　旅行を続けてもいいですか？

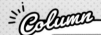

Column

世界に誇れる、スペインの医療！

スペインの公立病院の質とサービスはとても素晴らしいんだ。病院と医療センターのネットワークが優れていて、スペインの公的医療制度は世界でも最高ランクに位置付けられている。だから、世界中から多くの医師がスペインに学びにやって来るよ。さらに、医療費は居住者の税に含まれているから、もしスペインに住んでいれば、スペインの病院ではお金を払う必要がないんだよ。だから私はスペインの医療をとても誇りに思っているんだ！

David（デイビッド）
スペイン

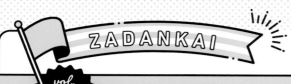

ZADANKAI

vol. 03

世界のあるある座談会

世界各国の習慣・文化

それぞれの国や地域に特有の「習慣や文化」について聞いてみました。

Robert

United States of America（アメリカ）

ぼくの出身の南カリフォルニアには、形式ばらない文化があるんだ。よくディナーにもＴシャツとサンダルのようなラフな服装で行くから、他の地域の人に驚かれるよ。

Sophia

Republic of the Philippines（フィリピン）

フィリピンでは、年上の人に敬意を払うあいさつとして、年上の人の手を取って、その手の甲を自分の額に当てることがあるの。子が親にするほか、大人でも親や親戚など年上の人に対して行うよ。

Tianna

Jamaica（ジャマイカ）

ジャマイカでは、土曜日の夕食はスープを食べるのが定番。特に「チキンフットスープ（鶏の足スープ）」がとても人気よ。

Ali

Federal Republic of Nigeria（ナイジェリア）

ぼくの国では、「ヤムイモ」という芋が重要な作物のひとつ。収穫の時期になると収穫祭が開かれて、周辺の地域からもたくさんの人が集まるんだ！

Chapter 4

トラブルの英会話

この章では、海外旅行や海外生活で起こりうるトラブルに対応するための英会話にチャレンジしましょう。ホテルの部屋のシャワーが出ない！　お店に忘れ物をしてしまった！　などなど、旅行中や生活の中でトラブルにあっても、スマートに乗り切りたい。そんなあなたのためのミッションです。

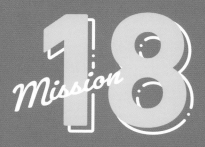

Mission 18

ホテル・住居編

不具合を伝えよう

難易度 ★★★

あなたはあるホテルにやってきた。

部屋に入り浴室を確かめると、

シャワーが出ないことに気がついた。

ホテルスタッフにシャワーが出ないことを伝えよ。

二次元コードから動画を見て、Tianna と会話をしてみましょう。

Tianna
動画でチャレンジ
Tianna
（ティアナ）

STEP 2:REVIEW 会話の確認

Track▶35 動画に出てきた重要な表現をおさえ、解答例を確認しましょう。

Excuse me. すみません。

Oh, please have a seat.
How may I help you?
ああ、どうぞお座りください。
どのようなご用件ですか？

Mission
模範解答

> **The water doesn't come out from the shower.**
シャワーが出ないんです。

▶「シャワーが出ない」は「シャワーから水が出てこない」と表すといい。

別のこたえ方

❶ The shower doesn't work.	▶シャワーが使えません。
❷ I can't get the shower to work.	▶シャワーが使えません。
❸ I think the shower in my room is broken.	▶部屋のシャワーが壊れているようです。

▶ ❸ I think ～. を使うと、断言するのを避けたやわらかい言い方になる。

What is your room number?
何号室でしょうか？

Mission
模範解答

It's 408.

408 号室です。

▶ 番号にある「0」は、アルファベットの O と同じように［ou オウ］と言うことが多い。

別のこたえ方

❶ My room number is 408.	▶ 私の部屋番号は 408 です。

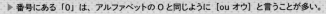

OK, just a second, please. … I'm very sorry. It could take a couple of hours to repair your shower. Would you prefer to wait or to change your room?

わかりました、少々お待ちください。…大変申し訳ございません。シャワーの修理には数時間かかるかもしれません。お待ちになりますか？　それともお部屋を替えられますか？

☐ Would you prefer A or B?「A がいいですか、それとも B がいいですか？」

Mission
模範解答

Could I have a different room, please?

別の部屋に替えてくれませんか？

別のこたえ方

❶ Can you change my room, please?	▶ 部屋を替えてくれませんか？
❷ Could you get me a different room?	▶ 別の部屋にしてくれませんか？

Of course. Just give me a moment, please.

もちろんです。少々お待ちください。

STEP 3:PRACTICE その他の表現の確認

Track▶36 ホテルや住居でのトラブルのときによく使う表現を確認しましょう。

ホテルのトラブル：設備・備品

□ The TV doesn't work.	テレビがつきません。
□ The toilet doesn't flush.	トイレが流れません。
□ I can't connect to the Wi-Fi.	Wi-Fi に接続できません。
□ There are no towels in my room.	部屋にタオルがありません。
□ Can I have another bath towel, please?	バスタオルをもう1枚もらえますか？
□ The shower drain seems to be clogged.	シャワーの排水管が詰まっているようです。 ▷ be clogged「詰まっている」
□ The air conditioner is making a strange noise.	エアコンが変な音を立てています。
□ Could you send someone to fix it?	修理する人をよこしていただけますか？

～ doesn't work.（～が作動しません。）は、さまざまな物について使えます。

タオルが足りないときは、We don't have enough towels.（タオルが足りません。）と言いましょう。

ホテルのトラブル：その他

□ My room is too hot.	部屋が暑すぎます。
□ I have lost my key card.	カードキーをなくしました。 ▷ key card「カードキー」
□ I locked myself out.	部屋に鍵を忘れて入れなくなりました。 ▷ lock out「締め出す」
□ The guests next door are very noisy.	隣の部屋がとてもうるさいのですが。
□ My room has not been cleaned.	部屋が掃除されていません。
□ Sorry, I've spilled coffee on the floor.	すみません、床にコーヒーをこぼしました。
□ 〈上に続けて〉 Could you come and clean it up right away?	今すぐ掃除に来ていただけますか？

「隣の部屋」は「隣の部屋の宿泊客」と表すといいでしょう。

住居のトラブル

☐ The kitchen faucet is leaking.	台所の蛇口が水漏れしています。 ▶faucet「蛇口」 leak「(容器などが)漏れる」
☐ The water won't stop running.	水が止まりません。
☐ There is a crack in the bathroom sink.	浴室の洗面台にひびがあります。 ▶crack「ひび、割れ目」
☐ There is something wrong with my washing machine.	洗濯機の調子が悪いです。
☐ The bathroom window doesn't close all the way.	浴室の窓がきちんと閉まりません。 ▶all the way「完全に、すっかり」
☐ Could you come and check it today?	今日見に来ていただけますか？
☐ Could you turn down the music?	音楽の音量を下げていただけますか？
☐ My next-door neighbors are too noisy.	隣の部屋の人たちがとてもうるさいです。
☐ 〈上に続けて〉 Could you talk to them?	彼らに話していただけますか？

隣の部屋からの音楽がうるさいときなどに使えます。

大家さんなどに相談するときに使えます。neighbor（隣人、近所の人）の発音は［néibər ネイバァ］。

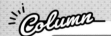

Column

ジャマイカのホテルは景色で選ぶのがおすすめ！

カリブ海に浮かぶジャマイカは、白浜のビーチリゾートがあることで知られる島国。なので、ジャマイカのホテルはほとんどが海岸沿いにあって、美しい景色を眺めることができるよ。ホテルを予約するときは景色を確認してから選ぶといいよ。
ホテルの多くはオールインクルーシブ※を導入しているから外出しなくても十分楽しめるけれど、ホテル以外にも魅力はたくさんあるので、ぜひ外に出てジャマイカの文化に触れてみてね！

※宿泊料金にホテル内での食事代やプール等の利用料、アクティビティの料金などが含まれているプランのこと。

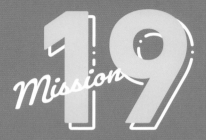

Mission 19

買い物編

返品をしよう

難易度 ★★★

昨日購入した洋服のサイズが小さいことに
気がついたあなた。
レシートを持って、もう一度同じ店にやってきた。

> **購入したTシャツを返品せよ。**

二次元コードから動画を見て、Bob と会話をしてみましょう。

Bob
Bob
（ボブ）

STEP 2：REVIEW 会話の確認

Track▶37 動画に出てきた重要な表現をおさえ、解答例を確認しましょう。

Excuse me. すみません。

Hi. May I help you?
こんにちは。何かご用でしょうか？

模範解答

I'd like to return this T-shirt.
このTシャツを返品したいのですが。

▶「返品する」は return（返す、戻す）を使えば OK。

別のこたえ方

❶ I want to return this T-shirt.	▶このTシャツを返品したいです。
❷ Can I return this T-shirt?	▶このTシャツを返品できますか？

All right. Why do you want to return this?
わかりました。なぜこちらを返品されたいのですか？

Mission
模範解答

Because it was too small for me.
サイズが小さかったからです。

▶ size という語を使わず、「私には小さすぎた」と表せば OK。

別のこたえ方

❶ It was too small for me.	▶私には小さすぎました。
❷ It didn't fit (me).	▶サイズが合いませんでした。

▶ ❷ fit は「(〜にサイズが)合う」という意味。

I see. Do you have the receipt?
わかりました。レシートをお持ちですか？

Yes. Here you are.
はい。こちらです。

Great. Just a moment, please.
結構です。少々お待ちください。

STEP 3:PRACTICE　その他の表現の確認

Track▶38　買い物でのトラブルでよく使う表現を確認しましょう。

返品・交換

another one を a bigger one（大きいもの）や a different color（別の色）に置き換えても使えます。

□ I'd like to exchange this for another one.	これを別のものに交換したいです。 ▶exchange「交換する、交換」
□ Can I get a refund on this cup?	このカップの返金をしてもらえますか？ ▶refund「払い戻し、返金」
□ It was the wrong size.	サイズが違いました。
□ I found a stain on it.	汚れを見つけました。
□ There is a hole in it.	穴があいています。
□ It's missing a button.	ボタンが１つありません。
□ It was broken.	壊れていました。
□ This apple was rotten inside.	このリンゴは中が傷んでいました。 ▶rotten「腐った」
□ Would you like a refund or an exchange?	返金をご希望ですか？　それとも交換をご希望ですか？
□ I'd like a refund, please.	返金をお願いします。

会計でのトラブル

□ The change is wrong.	おつりが間違っています。 ▶change「おつり」
□ I haven't gotten my change yet.	まだおつりをもらっていません。
□ It looks like you charged the wrong amount to my credit card.	あなたは間違った金額をカードに請求したようです。▶charge「請求する」 amount「金額」

通販でのトラブル

□ I ordered a dress from your store on May 7.	5月7日にそちらのお店でドレスを注文しました。 ▶order「注文する、注文」
□ 〈上に続けて〉 However, I haven't received it yet.	けれども、まだ届いていません。
□ Could you check my order status?	注文状況を確認していただけますか？ ▶status「状態、状況」
□ My order number is #1234.	注文番号は 1234 です。
□ You sent me the wrong item.	間違ったものが送られてきました。
□ I've received only one.	1つしか届きませんでした。
□ I received the product, but there was a scratch on it.	商品が届きましたが、傷がありました。
□ Could you send me a replacement?	代わりの品を送っていただけますか？ ▶replacement「交換品、代替品」
□ I've bought the wrong item on your site.	そちらのサイトで間違った品物を購入してしまいました。
□ I'd like to cancel my order.	注文をキャンセルしたいのですが。

直訳は「けれども、私はまだ受け取っていません」。

「#」は「番号」を表す記号で、メールで使います。電話や対面で話すときは言わなくても大丈夫です。

Column

アメリカは何でも返品しやすい、返品大国!?

アメリカ人は日本人に比べて、返品ができることを前提に買い物をしている人が多いと思う。というのも、返品に対するハードルがとても低いんだ。使用済みの商品や、タグを取ってしまった商品も返品ができることが多い。さらに、食べ物まで返品できるお店もあるんだ。だから、アメリカ人は商品を買う前に返品の期限や決まりを確認することがよくあるよ。とはいえ、どのお店でも返品ができるというわけではないから、購入前にしっかり確認しよう！

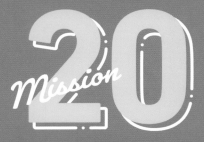

Mission 20

盗難・紛失編

忘れ物を確認しよう

難易度 ★★★

動画でチャレンジ

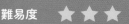

あなたはレストランに大切なハンカチを
忘れてしまった。
それで、急いでお店に戻った。

青いハンカチの忘れ物がないか確認せよ。

二次元コードから動画を見て、Sarah と会話をしてみましょう。

Sarah
Sarah
（サラ）

STEP 2:REVIEW 会話の確認

Track▶39 動画に出てきた重要な表現をおさえ、解答例を確認しましょう。

Hello.
いらっしゃいませ。

Sorry, could you help me?
すみません、ちょっといいですか？

▶ Could you help me? を直訳すると「助けて[手伝って]いただけますか?」。

OK. What's wrong?
はい。どうされましたか？

☐ **What's wrong?** 「どうしましたか？」

▶ 具合が悪そうな人や困った様子の人に声をかけるときにも使える。What's the matter? とも。

Mission

模範解答

> I think I left my handkerchief here.
ここにハンカチを忘れたようなのですが。

別のこたえ方

❶ It seems I left my handkerchief here.	▶ ここにハンカチを忘れたようなのですが。
❷ I seem to have left my handkerchief here.	▶ ここにハンカチを忘れたようなのですが。

▶ ❶ It seems (that) ～. は「～であるように思われる」、❷〈主語+seem to+have+ 過去分詞 …〉は「(主語)は～したと思われる」。

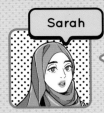

Sarah

I see. Well, what does it look like?
わかりました。それで、どのような見た目ですか？

☐ What does it look like? 「どのような見た目ですか？」 ▶ what を使うことに注意。

Mission
模範解答

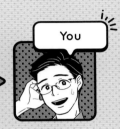

You

It's blue and it has penguins on it.
青くて、ペンギンたちの絵があります。

別のこたえ方

1. It's blue with penguins on it. ▶ 青くて、ペンギンたちの絵があります。

Sarah

OK. I'll go and check.
... Is this your handkerchief?
わかりました。見てみます。
…こちらがお客様のハンカチですか？

You

Yes. Thank you so much!
はい。どうもありがとうございます！

Sarah

My pleasure.
どういたしまして。

STEP 3:PRACTICE その他の表現の確認

Track▶40 忘れ物や、盗難・紛失があったときによく使う表現を確認しましょう。

忘れ物

□ I left my watch in my room.	部屋に腕時計を忘れました。
□ 〈上に続けて〉 Can I go and get it?	取りに行ってもいいですか? ▶ go and get ～「～を取りに行く」
□ Could you check it for me, please?	(私の代わりに)確認していただけますか？
□ Could you send it to me?	それを送っていただけますか?
□ Where is the lost and found?	遺失物取扱所はどこですか？ ▶ lost and found「遺失物取扱所」
□ I might have left my camera on the bus last night.	昨夜バスにカメラを忘れたかもしれません。
□ Did anyone find a cap here?	誰かここで帽子を見つけませんでしたか？

ホテルの部屋に忘れ物をしたときにはこのように言いましょう。

チェックアウト後なら、部屋に行っていいかたずねましょう。

駅などの施設で使えます。イギリス英語で「遺失物取扱所」は lost property (office)。

あとに I think I left my cap here.(ここに帽子を忘れたようなんです。)などと続けるといいでしょう。

盗　難

□ Someone stole my wallet.	誰かに財布を盗まれました。 ▶ stole：steal(盗む)の過去形
□ My phone was stolen.	私の電話が盗まれました。
□ My purse got snatched.	ひったくりにハンドバッグを取られました。 ▶ snatch「ひったくる」
□ Please call the police!	警察を呼んでください！
□ Stop, thief!	泥棒です(捕まえてください)！ ▶ thief「泥棒」
□ My pocket was picked on the train.	電車でスリにあいました。
□ There were some cash and a credit card in it.	いくらかの現金とクレジットカードが１枚入っていました。

「ハンドバッグ」はアメリカ英語で purse。イギリス英語では handbag です。

紛　失

☐ I lost my phone.	電話をなくしました。
☐ Has anyone turned in my phone?	誰かが私の電話を届けていませんか？ ▶turn in「引き渡す」
☐ I lost my credit card. Please cancel the card.	クレジットカードをなくしました。 カードを無効にしてください。
☐ My passport is missing.	パスポートをなくしました。
☐ How can I have my passport reissued?	どのようにしてパスポートを再発行してもらえますか？ ▶reissue「再発行する」

〈have+A+過去分詞〉で「A を～してもらう」という意味です。

落とし物（拾ったとき）

☐ Is this yours?	これはあなたのものですか？
☐ I think you dropped this.	これを落とされたようですよ。
☐ I found this wallet near the entrance.	入り口近くでこの財布を拾いました。 ▶found：find（見つける）の過去形

Column

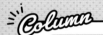

物をなくしたら、ボランティア団体に連絡する!?

もしパレスチナで自分の持ち物をなくしてしまったときには、地域のボランティア団体に連絡をします。すると、彼らはソーシャルメディアを使って、なくし物を取り戻すのを手伝ってくれます。パレスチナに住んでいる人たちの間には、とても強い結束力があるので、物を探すときは頼りになるのです。

ほかにも、このボランティア団体では、アパートを探すのを手伝ってくれたり、求人情報を紹介してくれたりします。

私も実際に、賃貸アパート探しを手伝ってもらったことがあって、とても感謝しているんですよ。

Sarah（サラ）
パレスチナ

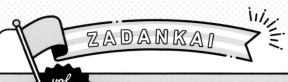

ZADANKAI

vol. 04

世界のあるある座談会

世界各国で注意すべきこと

それぞれの国や地域で「注意すべきこと」について聞いてみました。

Sophia

Republic of the Philippines（フィリピン）

フィリピンでは渋滞に注意してね。通常であればタクシーで10分程度の距離が、渋滞にはまってしまうと1時間以上かかることもあるよ。

Bob

United States of America（アメリカ）

アメリカは地域によって文化や安全性が全然違うよ。訪れる先にはどんな文化があるのか、どんな危険なことが起こりうるのかなどを下調べしておくといいよ。

David

Kingdom of Spain（スペイン）

スペインには英語を話せる人があまり多くないと思う。だから、もしスペインを訪れるなら、スペイン語を少し勉強してから来るといいよ！

Sarah

Palestine（パレスチナ）

パレスチナに来るときに知っておいてほしいのは、日本からパレスチナへの直行便はないということです。イスラエルかヨルダンを経由してくださいね。

協力

TOKYO GLOBAL GATEWAY

TOKYO GLOBAL GATEWAY（通称 TGG）は、東京都教育委員会と株式会社 TOKYO GLOBAL GATEWAY が提供する、まったく新しいタイプの体験型英語学習施設です。
日常から離れ、海外をイメージして作られた街並みでいつもと違う環境のなか、グローバルな世界を存分に体験することができます。平日は、小学校・中学校・高等学校・大学・専門学校などの学校単位でのご利用になります。 それ以外の土曜・日曜・祝日などは、幼児から大人まで受けられるプログラムを用意しています。グローバル社会で活躍するための第一歩として、また海外研修代替プラン・国内留学の場として TGG をご活用ください。

詳しくはこちら →

https://tokyo-global-gateway.com

特典

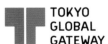

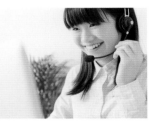

kimini × TOKYO GLOBAL GATEWAY

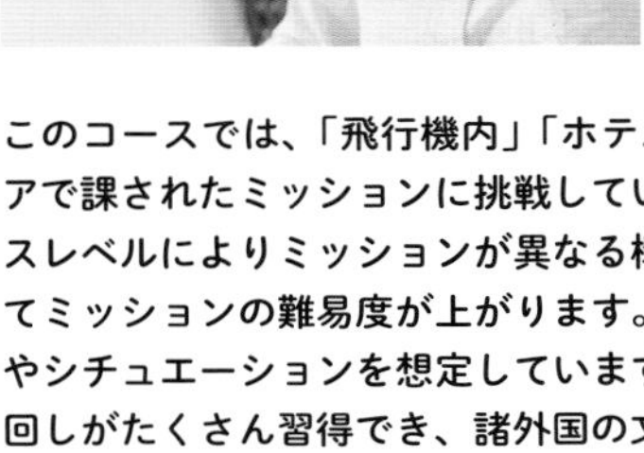

英語体験の楽しさ広がる

TOKYO GLOBAL GATEWAY
オンライン英会話コース by Kimini

1回無料体験はこちらから

このコースでは、「飛行機内」「ホテル」「クリニック」など各エリアで課されたミッションに挑戦していきます。同じエリアでもコースレベルによりミッションが異なる構成で、レベルが上がるにつれてミッションの難易度が上がります。実際に起こりうるハプニングやシチュエーションを想定していますので、日常会話に役立つ言い回しがたくさん習得でき、諸外国の文化についても学べます。

※上記特典は予告なく終了する場合がございますので、ご了承ください。

会話に役立つ基本文型まとめ

この本に出てきた重要な表現を文型ごとにピックアップしました。どれもよく使われる表現なので、覚えておきましょう。

I'm ～. で言える表現

〈I'm＋名詞.〉の形で自分の名前や職業を、〈I'm＋形容詞.〉の形で自分の現在の状態を相手に伝えることができます。

□ 私は○○です。	I'm (Name).	p. 014
□ 私は日本出身です。	I'm from Japan.	p. 015
□ 私は会社員です。	I'm an office worker.	p. 015
□ 私は K ポップにハマっています。	I'm hooked on K-POP.	p. 016
□ 私は NBA の大ファンです。	I'm a big fan of the NBA.	p. 016
□ 私は高校生です。	I'm a high school student.	p. 017
□ 私は学校で野球部に入っています。	I'm on the baseball team at school.	p. 017
□ 私は生物学を専攻しています。	I'm majoring in biology.	p. 017
□ 私はピーナッツアレルギーです。	I'm allergic to peanuts.	p. 036
□ 気分がよくありません。	I'm not feeling well.	p. 036
□ シドニーへ行きます。	I'm flying to Sydney.	p. 042
□ 留学するために来ました。	I'm here to study abroad.	p. 043
□ チーズを探しているのですが。	I'm looking for cheese.	p. 054
□ 見ているだけです、ありがとう。	I'm just looking, thank you.	p. 072
□ わかりません。	I'm not sure.	p. 081
□ この辺りはよく知りません。	I'm a stranger here.	p. 081
□ 遅刻してすみません。	I'm sorry I'm late.	p. 093
□ 恐れ入りますが、彼女はただ今、電話に出られません。	I'm afraid she is not available at the moment.	p. 098
□ すみませんが、番号をお間違えです。	I'm sorry, but you have the wrong number.	p. 098
□ 来てくれてうれしいです。	I'm glad you came.	p. 104
□ ありがとう、でも本当におなかがいっぱいです。	Thanks, but I'm really full.	p. 105
□ それはお気の毒に。	I'm so sorry to hear that.	p. 115

Are you ～? で言える表現

〈Are you＋形容詞？〉の形で相手の状態をたずねることができます。

□ あなたはアウトドア派ですか？	Are you the outdoor type?	p. 022
□ ご結婚されていますか？	Are you married?	p. 022
□ お仕事は忙しいですか？	Are you busy at work?	p. 022
□ 仕事で来ましたか、それとも観光ですか？	Are you here for business or pleasure?	p. 043
□ ご注文はお決まりですか？	(Are you) ready to order?	p. 066
□ 何かお探しですか？	Are you looking for something?	p. 070
□ (列に)並んでいますか？	Are you in line?	p. 087

It's ～. / It was ～. で言える表現

it は一度話に出てきたもの・ことを指す代名詞。距離や時間、寒暖や天気などについて言うときも主語に it を使います。

□ やっとお会いできてうれしいです。	It's nice to finally meet you.	p. 016
□ 大変な仕事ですが、おもしろいです。	It's a hard job, but it's interesting.	p. 017
□ とても便利な所です。	It's such a convenient place.	p. 020
□ お会いできてよかったです。	(It was) nice meeting you.	p. 029
□ 7番通路にあります。	It's on aisle 7.	p. 054
□ 歩いて 10 分くらいです。	It's about a ten-minute walk.	p. 079
□ それは銀行の隣にあります。	It's next to a bank.	p. 080
□ 歩いて行くには少し遠いです。	It's a little far to walk.	p. 080
□ それは私には難しすぎます。	It's too difficult for me.	p. 092
□ あなたの番です。	It's your turn.	p. 093
□ 今日はとても暑いね。	It's so hot today.	p. 102
□ これは“肉じゃが”と言います。	It's called *nikujaga*.	p. 104
□ サイズが違いました。	It was the wrong size.	p. 130
□ ボタンが 1 つありません。	It's missing a button.	p. 130
□ 壊れていました。	It was broken.	p. 130

This is ～. で言える表現

「これ[こちら]は～です」という意味で、目の前にあるものについて説明したり、その場にいる人を紹介したりできます。電話で名乗るときにも使います。

□ こちらは私の友人のソフィアです。	This is my friend, Sophia.	p. 026
□ XYZ 社の○○です。	This is (Name) from XYZ Enterprise.	p. 096
□ 森が承ります。	This is Mori speaking.	p. 098
□ これはちょっとしたお土産です。	This is a little something for you.	p. 104

That's ～. で言える表現

that は「相手が今言ったこと」全体を指す代名詞としても使われます。〈That's ＋形容詞.〉で「それは～ですね」と相手の発言に対する感想を伝えられます。

□ いいですね！	That's cool!	p. 021
□ ちょっと高いですね。	That's a little expensive.	p. 073
□ 大丈夫。	That's fine.	p. 103

What ～? で言える表現

what は「何」という意味。What do you ～? で「あなたは何を～しますか？」、What's ～? で「～は何ですか？」、〈What＋一般動詞 ～?〉で「何が～しますか？」。

□ 休みの日は何をしていますか？	What do you do on your days off?	p. 020
□ どんな音楽が好きですか？	What kind of music do you like?	p. 022
□ 何年生ですか？	What grade are you in?	p. 023
□ あなたの専攻は何ですか？	What's your major?	p. 023
□ 何のお仕事をしていますか？	What do you do?	p. 023
□ 日本にはなぜ来られたのですか？	What brought you to Japan?	p. 023
□ お飲み物は何になさいますか？	What would you like to drink?	p. 034
□ 訪問の目的は何ですか？	What's the purpose of your visit?	p. 040
□ これは何の料金ですか？	What's this charge for?	p. 049

How ～? で言える表現

how は「どう」「どのように」という意味で、状態や感想、手段などをたずねることができます。〈how＋形容詞/副詞〉の形でもよく使います。

Can I ～? で言える表現

「～してもいいですか？」という意味で、気軽なお願いをするときの言い方です。「～しましょうか？」と申し出るときにも使います。

May I ～? / Could I ～? で言える表現

初対面の人や目上の人などに「～してもよろしいですか？」とていねいに許可を求めるときの言い方です。

Could you ～? で言える表現

「～していただけますか？」とていねいに依頼する言い方です。友達などに気軽にお願いしたいときは Can you ～?(～してくれますか？)を使います。

□ アナウンスが何と言ったか教えていただけますか？	Could you tell me what that announcement said?	p. 037
□ パスワードを教えていただけますか？	Could you tell me the password?	p. 048
□ 半分にしていただけますか？	Could you make it half?	p. 054
□ 別々に包んでいただけますか？	Could you wrap those separately?	p. 072
□ 博物館への行き方を教えていただけますか？	Could you tell me how to get to the museum?	p. 078
□ もう一度言っていただけますか？	Could you say that again?	p. 092
□ もう少しゆっくり話していただけますか？	Could you speak more slowly?	p. 092
□ 折り返しのお電話をお願いしてもいいですか？	Could you ask her to call me back?	p. 097
□ 電話があったことを伝えていただけますか？	Could you tell her I called?	p. 099
□ 時間があるときに折り返し電話をもらえますか？	Could you call me back when you have time?	p. 099
□ もう少し大きな声で話していただけますか？	Could you speak a little louder, please?	p. 099
□ すみません、ちょっといいですか？	Sorry, could you help me?	p. 134

Do you want ～? で言える表現

「～はどうですか？」「～しませんか？」とすすめたり、誘ったりするときによく使われます。

□ 何か飲む？	Do you want something to drink?	p. 102
□ もう１杯どうですか？	Do you want another glass?	p. 104
□ もう少しどうですか？	Do you want some more?	p. 105

Would you like ～? で言える表現

Do you want ～? のていねいな言い方です。

□ ビーフとチキンのどちらになさいますか？	Would you like beef or chicken?	p. 034
□ 飲み物はいかがですか？	Would you like something to drink?	p. 066
□ セットにしますか？	Would you like to make that a combo?	p. 086
□ ご一緒にサラダはいかがですか？	Would you like salad with that?	p. 086
□ (パンを)焼きますか？	Would you like it toasted?	p. 086
□ ご伝言を承りましょうか？	Would you like to leave a message?	p. 099
□ 返金をご希望ですか？それとも交換をご希望ですか？	Would you like a refund or an exchange?	p. 130

とっさの会話力と自信が身につく
行ったつもりで英会話

Staff

協力	株式会社TOKYO GLOBAL GATEWAY
デザイン	齋藤友希（トリスケッチ部）
カバーイラスト	ともわか
本文イラスト	ともわか，ムーグラフィック，いずっち，みき尾，lan
執筆・編集協力	宮崎史子
英文校閲	Joseph Tabolt
	Edwin L. Carty
校正	今居美月，小森里美，佐藤美穂，敦賀亜希子，水島郁
動画撮影	株式会社cubo
動画編集	藤原奏人
DTP	株式会社四国写研
印刷所	株式会社リーブルテック
企画・編集	中村円佳

とっさの会話力と自信が身につく
行ったつもりで英会話